침묵의 마법

Zauber der Stille: Caspar David Friedrichs Reise durch die Zeiten
by Florian Illies ⓒ 2023 S. Fischer Verlag, Frankfurt am Main
Korean Translation ⓒ 2025 by Munhakdongne Publishing Corp. All rights reserved.
Korean language edition published by arrangement with
S. Fischer Verlag GmbH through MOMO Agency, Seoul.

이 책의 한국어판 저작권은 모모 에이전시를 통해
S. Fischer Verlag GmbH사와의 독점 계약으로 (주)문학동네에 있습니다.
저작권법에 의해 한국 내에서 보호를 받는 저작물이므로
무단 전재와 무단 복제를 금합니다.

침묵의 마법
Zauber der Stille

카스파 다비트 프리드리히가 그려낸 고요

플로리안 일리스 지음 · 한경희 옮김

문학동네

차례

범선 위에서 __ 007

1. 불 __ 011
2. 물 __ 075
3. 흙 __ 133
4. 공기 __ 183

감사의 말 __ 233
카스파 다비트 프리드리히 연보 __ 236
더 읽을거리 __ 239
그림 목록 __ 243

일러두기

1. 이 책은 아래의 원서를 한국어로 완역한 것이다.

    Florian Illies, *Zauber der Stille: Caspar David Friedrichs Reise durch die Zeiten* (S. Fischer Verlag GmbH, 2023)

2. 주석은 모두 옮긴이주다.
3. 단행본, 일간지, 잡지는 『 』로, 시, 단편, 논문은 「 」로, 미술작품, 음악작품, 영화는 〈 〉로 구분했다.
4. 외래어 표기는 국립국어원의 표기 원칙을 따랐으나 관례로 굳어진 경우는 예외를 두었다.

범선 위에서

1818년 8월의 어느 멋진 날. 빛나는 햇살에 바다가 반짝거렸다. 이른 아침, 카스파 다비트 프리드리히는 아내 카롤리네와 함께 뤼겐섬의 비크항에서 배에 올랐다. 화구와 짐을 실은 작은 범선은 아직 잠이 덜 깬 좁은 만으로 조용히 미끄러지듯 나아가더니, 오른쪽으로 연둣빛 너도밤나무숲이 울창한 히덴제섬을 지나 슈트랄준트를 향해 남쪽으로 방향을 틀었다. 동쪽 뤼겐섬의 완만한 언덕과 아득히 먼 옛날의 고인돌로부터 따뜻한 바람이 불어오자 돛이 부풀어오르면서 닻줄이 팽팽해진다. 아마포로 만든 커다란 돛이 큰 소리와 함께 활짝 펴지면서 마법처럼 배가 움직이는 이 순간을 프리드리히는 더없이 사랑한다! 인간의 정신이 이보다 더 아름다운 것을 생각해낸 적이 있을까. 프리드리히는 생각한다. 드레스덴으로 돌아가면 바람이 돛을 살아 움직이게 하듯이, 붓으로 눈에 보이지 않게 캔버스에 생명력을 불어넣겠다. 생각에 잠겨 있는 프리드리히를 카롤리네가 깨운다. "저것 봐요, 저기 좀 보라니까요. 저기 모래톱 주변에 바다표범들이 물위로 나오는 거 보여요?" 프리드리히는 당황하여 미소를 지으며 말한다. "미안하오, 부디 용서해줘요. 꿈속에 푹 빠져 있었소."

때는 1818년 8월 11일, 두 사람은 뤼겐섬에서 신혼여행을 마치고 돌아가는 길이었다. 카스파 다비트 프리드리히는 그라이프스발트 출신의 마흔네 살 먹은 괴짜 화가였고, 카롤리네는 드레스덴 출신의 스물다섯 살 처녀였다. 배 위는 고요하다. 이따금 하늘에서 힘찬 날갯짓 소리와 갈매기 울음소리가 들리고, 때때로 물거품이 튀어서 프리드리히의 덥수룩한 붉은 빛 구레나룻에서 소금기를 머금은 물방울이 반짝거린다. 카롤리네는 배를 처음 타보는 거라 몹시 무서웠지만 그와 함께라면 물에 빠져도 좋다고 말했다. 정말 그렇게 말했다. 카스파 다비트 프리드리히는 지금 느끼는 행복이 믿기지 않았다. "내가 어떻게 당신을 만날 수 있었을까." 프리드리히는 이렇게 중얼거리고는 아내의 손을 꼭 잡는다. 그는 동생 크리스티안에게 편지로 갑작스러운 결혼 소식을 전하면서 이렇게 적는다. "사랑은 묘한 일이야." 그리고 시골 아가씨 카롤리네가 그라이프스발트에서 신랑 신부에게 보내준 포메른식 청어 요리를 이제 제대로 먹을 줄 안다고도 전한다. 프리드리히가 "나"를 "우리"로 바꿔 말하기 시작한 후로 드레스덴 생활이 많이 달라졌다. 뭐, 아내가 거슬려 해서 이제 침이 가득한 타구들을 여기저기 놔둘 수 없게 되었지만, 그것 빼고는 다 좋았다. "더 많이 먹고, 더 많이 마시고, 더 많이 자고, 더 많이 노닥거리고, 더 많이 뒹굴뒹굴해." 그렇다, 프리드리히는 뒹굴뒹굴한다고 썼다. 그게 무엇을 뜻하든 바로 이듬해 첫아이가 태어난다.

때로는 검푸른색으로, 때로는 청록색으로 빛나는 물을 가르며 거의 하루 꼬박 항해했다. 프리드리히는 화가의 눈으로 모든 것을 빨아들인다. 배, 밧줄, 돛대, 펄럭이는 돛, 좌우로 뻗은 해안선, 절벽 위로 보이는 짙푸른 나무, 아무리 봐도 질리지 않았다. 8월의 마법 같은 하루가 서서히 저물어갔지만 갑판에 햇살의 온기가 남아 있어서 외투도 숄도 필요 없었다. 그때 저녁 연무 속에서 슈트랄준트가 마치 환영처럼 눈앞에 나타난다. 카롤리네는 엄숙하게 머리를 올려 묶는다. 붉은 빛을 받으며 탑들이 우뚝 모습을 드러내고, 두 사람을 태운 범선은 미끄러지듯 그 탑들을 향해 나아간다. 프리드리히의 마음속에 간절한 갈망과 더불어 경외심이 가득 차오른다. 프리드리히는 카롤리네도 마찬가지일 거라고 믿는다. '바로 이 순간을 그려야 해.' 프리드리히는 마음속에 열정의 불꽃이 활활 타오르는 것을 느낀다. '어쩌면, 어쩌면 바로 지금 나는 인생에서 처음으로 진정한 행복을 느끼고 있는지 몰라. 발아래로는 물이, 눈앞에는 땅이, 주위에는 공기가 있고, 아내인 리네와 손을 맞잡고 있는 바로 이 순간이.'

그때 카롤리네가 불쑥 묻는다. "오늘 저녁에는 슈트랄준트에서 생선 말고 다른 걸 좀 먹을 수 있을까요?"

1.
불

따사로운 초여름 밤, 하늘은 짙푸른 빛에서 연노란 빛으로 물들어가고, 라일락 덤불 속에서는 밤꾀꼬리가 마지막 노래를 부른다. 그때 난데없이 뮌헨 시내가 환하게 빛나기 시작한다. 거대한 글라스팔라스트*에서 새빨간 불길이 수 미터 높이로 치솟고, 근처 조피엔 거리와 엘리젠 거리에 있는 집들이 불길에 반사되어 밝게 빛나고, 온 하늘이 가물거린다. 거대한 철근이 무너지고 유리창이 산산조각 나면서 불구덩이 속으로 우르르 떨어지는 소리가 귀청을 때리며 침묵을 깨운다.

1931년 6월 6일 이른 아침이었다. 카스파 다비트 프리드리히가 사랑했던 모든 것이 뮌헨 글라스팔라스트에서 불길 속에 타오른다. 영원한 그리움의 장소인 바위투성이 〈발트해 해변〉, 애수에 차 그리

---

* '유리궁전'이라는 뜻. 산업박람회를 위해 지어졌으나 후에 다양한 문화행사에 쓰였다.

워하던 고향 〈그라이프스발트 항구〉, 집에서 창밖으로 늘 바라보던 〈드레스덴의 아우구스투스 다리〉. 무엇보다 마음 아픈 것은 〈저녁 시간〉이다. 프리드리히가 아내와 딸을 그린 그림인데, 두 사람이 창가에서 껴안은 채 생각에 잠겨 작센의 따뜻한 초여름 밤 풍경을 내다보는 모습이다. 불길은 그림을 둘러싼 마른나무 틀을 탐욕스럽게 집어삼켰고, 캔버스는 검은 재가 되어 아직 잠이 덜 깬 하늘 위로 소용돌이치며 날아간다. 뜨거운 화염 속에 자꾸자꾸 높이 날아올라 어느 순간 더는 보이지 않을 때까지.

―

한편, 뮌헨 글라스팔라스트 운영 법인은 유리와 강철은 불에 탈리 없다면서, 1854년 건축 당시 가입한 화재보험을 1931년에 비용 절감을 위해 처음으로 갱신하지 않았다.

―

1931년 6월 6일 새벽 세시 반이 막 지났을 즈음, 글라스팔라스트에서 불과 수백 걸음밖에 떨어지지 않은 오이겐 로트의 집 전화벨이 요란하게 울린다. 일간지 『뮌히너 노이에스테 나흐리히텐』 편집국이었는데, 통신원 로트에게 불타고 있는 글라스팔라스트로 최대한 빨리 가보라고 지시한다. 로트는 서둘러 옷을 입고 잠이 덜 깨어 무딘 손가락으로 카메라에 필름을 감는다. 그런 다음 침대 머리맡에 걸려 있는 카스파 다비트 프리드리히의 그림 두 점을 흘낏 쳐다본다. 그림들은 여명 속에 아직 잠들어 있었다. 그러나 밝든 어둡든 로트는 그림 속의 풀잎 하나하나까지 훤히 알고 있었다. 로트는 카스파 다비트 프리드리히에 푹 빠져 그의 그림들을 모았다. 기사를 써서 1마르크만 벌어도 미술상에게 갖다 바쳤다. 로트가 섬기는 신은 바로 카스파 다비트 프리드리히였다. 매일 저녁 잠들기 전, 작센스위스에서 사들인 작은 그림을 잠깐 쳐다보고는 프리드리히가 뤼겐 섬에서 그린 고요하고 마법 같은 발트해 해변을 한참 동안 바라본다.

지난주에 로트는 글라스팔라스트에서 열린 "독일 낭만주의 작품전. 카스파 다비트 프리드리히에서 모리츠 폰 슈빈트까지" 특별 전시회의 화려한 개막식에 참석했다. 최고의 미술관들에서 모아놓은 가장 아름다운 낭만주의 작품 110점이 전시되어 있었다. 그리고 비번인 오늘 토요일 오후에 다시 한번 그곳에 가서 그 그림들을 감상할 참이었다. 그런데 안타깝게도 계획보다 열두 시간 일찍 그곳으로 급히 달려가면서 이제 그곳에서 자기를 기다리는 것은 기쁨이 아니라 경악이리라 예감한다. 아르치스 거리에서 물로 팽팽해진 빨간색 소방 호스들을 헤치며 앞으로 나아가면서 순경들에게 기자 신분증을 보여줄 때, 뮌헨 삼위일체 성당의 종이 네 번 울린다. 머리 위로 하늘이 검붉게 빛난다. 바로 그때 글라스팔라스트가 눈에 들어왔다. 아니, 그 잔해가. 길이 234미터 너비 67미터의 거대한 건물이 활활 타오르고 있었고, 뜨거운 열기가 마치 불타는 주먹처럼 얼굴을 강타한다. 로트는 지금의 상황을 기록하기 위해 근처에 있는 집 현관으로 몸을 피한 채 연필과 수첩을 꺼내들었지만 눈앞에서 펼쳐지는 끔찍한 광경에서 눈을 뗄 수가 없었다. 아름답고 끔찍한 6월의 이른 새벽, 로트는 지금 눈앞에서 사라져가는 카스파 다비트 프리드리히의 그림 아홉 점을 하나하나 떠올린다. 프리드리히의 아내와 딸을 담은 〈저녁 시간〉과 〈그라이프스발트 항구〉와 〈리젠산맥 풍경〉을. 그리고 저녁에 불을 피우기 위해 황량한 벌판에서 나뭇가지들을 줍고 있는, 지금은 그 자신이 불길 속에 타고 있는 〈가을 풍경〉 속 불쌍한 사내를 떠올린다. 다음으로 자연스레 자기가 가장 좋아하는 그림, 떠나가는 배를 향해 아주 다정하게 손수건을 흔들고 있는 〈바닷가의 여인〉을 떠올린다. 그 여인이 인사하는 모습이 눈에 선하다. 그 모습이 로트의 마음을 뒤흔들어놓는다. 이제 그것이 영원한 작별 인사가 되어버렸다. 여인이 흔들던 하얀 손수건은 검은 쪼가리가 되어버렸고, 그 여인은 더이상 이 세상에 존재하지 않는다. 로트는 눈물을 삼키기 위해 연필을 끄적이기 시작한다. "시선은 불바다 위를 떠돈다. 불바다는 혀를 날름거리면서 치솟아오르고, 파도가 부서지듯 천둥소리를 내며 달려들었다가 이내 가라앉고, 다시 또 솟아오른다. 불꽃을 튀기며, 흩어지고, 꿈틀거리고, 널따란 혀로 집어삼키면서, 힘차게 쏟아지는 물줄기 앞에서 겁먹은 듯 움츠러들었다가 곧 다시 수천 배로 커져 달려들면서, 조롱하듯 춤추고 손을 흔들고 빙글빙글 돌면서."

불과 몇 시간 뒤, 로트가 쓴 몸서리나는 목격담이 『뮌히너 노이에스테 나흐리히텐』 조간에 실리고, 신문팔이 소년들은 슈바빙 지구의 골목들과 충격으로 마비된 마리엔광장을 내달리며 목청 높여 선전한다. 오이겐 로트는 이 화재 사건을 카스파 다비트 프리드리히처럼 정확하게 그려냈다. 모든 불꽃 하나하나, 하늘에 반사된 빛줄기 하나하나, 연기를 퍼뜨리며 쏴쏴거리는 바람결 하나하나를. 오이겐 로트는 이 글을 통해서 그토록 열망했던 작가가 된다. 쏟아지는 재 속에서 글을 써내려가던 오이겐 로트는 잠시 손을 멈출 수밖에 없었다. 비둘기들의 절망에 찬 울음소리를 더는 참을 수 없었기 때문이다. 비둘기들은 공포에 질린 날갯짓으로 정신없이 불바다 속으로 뛰어들었다. 오이겐 로트는 비둘기들이 철근 틈에서 둥지를 찾고 있음을 알아차렸다. 둥지 안에서 새끼들이 깃털 이불 아래 곤히 잠들어 있었다.

토마스 만은 마침 쉰여섯번째 생일이었던 6월 6일 이른 아침에 어지럽게 환히 빛나던 뮌헨을, 이 처참한 대화재를 어떻게 겪었을까? 소방차들이 쓸데없이 시끄럽게 군다고 아내 카티야에게 불평했을까? 아니면 코를 "자극하는" 탄내 때문에 불쾌하다고 불평했을까? 혹시 화재 현장에 찾아가 직접 눈으로 보았을까? 알 수 없다. 우리가 아는 것은 토마스 만이 7월에 화재 피해자들을 위해 기금을 모으고자 대학에서 자선 낭독회를 열었다는 사실, 그리고 얼마 후 소설 『바이마르의 로테』를 쓰면서 아델레 쇼펜하우어의 입을 빌려 "천상의 카스파 다비트 프리드리히"를 극찬했다는 사실뿐이다. 이것이 우리가 아는 전부다. 낭만주의 회화의 보물들이 파괴된 이 사건에 대해 토마스 만이 어떤 심정이었는지 알려줄 수 있는 1931년 일기들을 그가 1945년에 망명지 캘리포니아 퍼시픽 팰리세이즈에 있는 집 정원에서 전혀 낭만적이지 않게 불태워버렸기 때문이다.

 온 도시를 뒤흔드는 소방차 사이렌 소리에 아돌프 히틀러와 그의 조카 겔리가 잠에서 깬다. 겔리는 히틀러의 이복누이 딸인데 둘이 무슨 사이인지는 알 수 없지만 2년 전부터 뮌헨 프린츠레겐텐플라츠 16번지에서 함께 살고 있다. 도시 사방에서 소방차들이 몰려오고, 시민들은 창문을 열어젖히고 아침 여명 속에 피어오르는 거대한 연기를 바라본다. 연기는 초여름 바람을 타고 시내에서 슈바빙 쪽으로 빠르게 퍼져나간다.
 시민 수백 명이 잠이 덜 깬 채, 두려움과 호기심 사이에서 갈팡질팡하며 거리를 이리저리 내달린다. 하늘에서는 첫 아침 햇살이 시뻘건 불기운과 시꺼먼 잿구름이랑 씨름하고 있다. 슈타후스광장에 도착한 히틀러는 뮌헨의 자랑이었던 거대한 글라스팔라스트가, 절대 불탈 일이 없을 줄 알았던 그곳이 펄펄 끓는 불바다로 변하고, 수천 장이나 되는 유리창이 산산조각이 나고, 철제 기둥들이 시커멓게 그을린 거대한 거미줄처럼 변해버린 모습을 목격한다. 그 사이로 불길이 사납게 뻗어나가고 있었다. 글라스팔라스트를 둘러싼 높다란 보리수나무 꼭대기는 불바람에 떠밀려 공포에 질린 채 쏴쏴 울어대고, 연두색 나뭇잎들은 열기에 타들어간다. 불과 며칠 전, 히틀러는 이곳에서 열린 독일 낭만주의 회화 전시회를 관람했었다. 지난 몇십 년 동안 가장 화려한 컬렉션이었다. 그런데 불길이 세상에 하나밖에 없는 110점의 그림을, 룽게, 프리드리히, 싱켈의 그림들을 강탈하고, 파괴하고, 기억에서 영원히 앗아가버렸다. 히틀러는 걷잡을 수 없는 분노가 치밀어오른다. 그리고 이곳에, 이 파괴적인 화재 현장에 절대 사라지지 않을 독일 예술의 신전을, 바로 "예술의 집"을 짓겠다고 맹세한다. 그 맹세는 현실로 이루어진다. 그리고 충격적인 글라스팔라스트 화재 사건이 일어나고 석 달이 지난 1931년 9월 18일에, 『나의 투쟁』 인세로 임대료를 내던 프린츠레겐텐플라츠 16번지 집에서, 히틀러의 조카 겔리가 스물세 살의 나이에 자신을 향해 죽음의 불꽃을 당기게 된다.

⌢

카스파 다비트 프리드리히는 불장난을 한다. 잘하지도 못하면서 끊임없이 인물화를 그린다. 그 때문에 코펜하겐 미술 아카데미에서 사람들한테 조롱당했고 드레스덴에서도 비웃음을 샀다. 프리드리히는 누드화 그리는 일이 잘되지를 않는다. 늘 다리는 너무 길고, 상체는 축 늘어져 보인다. 드레스덴 미술 아카데미에서 옆자리에 앉은 화가 요한 요아힘 파버는 이렇게 조롱한다. "당신은 이곳에서 가장 위대한 누드화 화가로군요. 제 말은, 가장 긴 누드화 화가라는 뜻이었습니다." 카스파 다비트 프리드리히는 화가 나서 붉은 속눈썹 사이로 파버를 쏘아본다. 작센 여자들은 덩치가 커서 자기를 조금 길게 그려주는 것을 좋아하리라는 걸 그도 알면 좋을 텐데. 그러나 카스파 다비트 프리드리히는 형제들에게 편지를 쓸 때만 재치 있는 농담을 한다. 아틀리에에서 벌거벗고 있는 여인들 앞에서는 그런 재치는 사라지고 만다. 프리드리히는 그 여인들을 길게 쳐다보지도 못한다. 슬쩍 쳐다보기만 해도 속이 울렁거려서 한참 동안 시선을 돌리지 않을 수 없다. 그러니 팔과 다리가 그렇게 길어지는 것도 놀랄 일이 아니다. '아, 인간은 내게 너무 낯설구나' 하고 그는 생각한다. 특히 여자가 그렇다. 나무라면 어떻게 느끼는지 잘 알 수 있을 텐데. 그러면 그 나무들을 몇 시간이고 쳐다보며, 하나도 빠짐없이 정확하게 그릴 수 있을 텐데.

때는 1802년, 포메른 출신의 괴팍한 남자, 빨간 구레나룻에 발을 질질 끌며 걷는 꺽다리 카스파 다비트 프리드리히는 드레스덴 암 페스퉁스그라벤 거리에 있는, 미망인 페터 부인 집의 작은 방에 세 들어 살고 있다. 프리드리히는 페터 부인을 "마담"이라고 부르고, 부인의 어린 딸들을 "마드무아젤"이라고 높여 부르지만, 부인과 그 딸들은 프리드리히한테 철저히 모욕당하는 기분을 느낀 지 오래다. 프리드리히가 부인과 딸들에게 말을 거는 법도, 함께 외출하는 법도, 연시年市에서 꽃을 건네는 법도 없기 때문이다. 프리드리히는 입을 열면 온몸이 굳으면서 아무 말도 나오지 않고, 창백한 얼굴이 새빨개진다. 프리드리히는 "좋은 아침입니다"와 "좋은 저녁입니다" 말고 다른 말을 할 필요가 없을 때, 아니 그보다 그저 "누Nu"라고만 하면 될 때가 아주 기쁘다. 드레스덴에서 배운 이 멋진 말은 어디에나 어울린다. 사실 하나의 단어라기보다는 탄식에 가깝다. 이 겨울 밤, 프리드리히는 촛불을 켠 채 초라한 방에 앉아 있다. 미망인과 그

딸들은 잠들었고, 날은 춥다. 프리드리히는 먼 작센 땅에서 얼어죽지 말라고 북쪽에 있는 고향 집에서 가족이 보내준 모피 코트를 입고 있다. 양초도 고향에서, 바로 그라이프스발트에 있는 부모님 댁에서 보내준 것이다. 그의 형은 대성당 뒤에 있는 작은 비누 제조 공방에서 아버지와 함께 양초를 만든다. 아버지는 카스파 다비트 프리드리히도 이 일을 배우기를 바라셨지만 그는 너무 서툴러서 자꾸 손가락을 불에 데었다. 그래서 지금 프리드리히는 양초 대신에 사람들을 길게 늘이며 그리고 있다. 이런 걸 두고 집안의 전통이라고 하던가.

그러니까 프리드리히는 드레스덴의 황량한 겨울 저녁에 에칭용 철침을 손에 들고 금속판에 아주 가느다랗게 선을 새기고 있다. 물론 나무부터 새긴다. 커다랗고 울창한 보리수나무 먼저. 그가 잘하는 일이다. 나무 앞에는 폐허를 새긴다. 역시 그가 잘하는 일이다. 어쨌거나 낭만주의자니까. 그런 다음 프리드리히는 몸을 굽히고 있는 한 여자와 모자를 쓴 한 남자를, 키가 너무 크고 기둥에 뻣뻣하게 기대서 있는 한 남자를 그린다. 화가 프리드리히가 이 두 사람을 그리는 데 어려움을 겪는 것은 분명해 보이지만, 이 두 사람한테 어떤 문제가 있는지는 정확히 알 수 없다. 어쨌든 두 사람은 지금의 상황에 만족하지 못하는 것처럼 보인다. 우선 그림 제목만 봐도 그렇다. 〈불타버린 집 잔해 앞의 남자와 여자〉. 이 당혹스러운 그림에 프리드리히가 붙인 제목이다. 그러나 화재는 이미 오래전에 일어난 일이다. 지금 불타고 있는 것은 아무것도 없고, 그림 속에 연기도 보이지 않기 때문이다. 집의 잔해를 보면 고대 양식의 건축처럼 보이기까지

한다. 화재가 몇백 년 전에 일어난 일인 듯 말이다. 〈불타버린 집 잔해 앞의 남자와 여자〉라니, 왜 이렇게 우울한 그림을 그리는 걸까? 그러면서 나중에 이 그림을 사려는 사람이 아무도 없다는 사실에 놀라는 이유는 뭘까?

몇 년 뒤 프리드리히는 또다시 불타버린 집을 그린다. 멈출 수가 없다. 이번에는 유화이고, 진짜 불도 보인다. 게다가 연기까지! 음침하고 기괴한 그림이다. 게다가 안타깝게도 그림의 배경이 밤이라서 거의 아무것도 보이지 않는다. 종말론적인 풍경이다. 까맣게 탄 지붕 구조물만 희미하게 타들어갈 뿐이다. 앞쪽에는 뒤틀리고 시꺼매진 나무들이 불빛을 받아 희미하게 비치고 있다. 그 위로 교회가 온전한 모습으로 우뚝 서 있다. 이번에는 인간을 뺐다. 있어봤자 더 나을 게 없다는 사실을 깨달은 것이다. 하지만 여전히 기괴한 그림이다. 마법도 없고, 뭔가 부족하다. 하늘이 없다.

그로부터 100년이 지난 1901년 10월 10일 황혼녘, 카스파 다비트 프리드리히가 태어난 그라이프스발트 랑에슈트라세 28번지 집이 불에 타 잿더미가 된다. 1802년에 프리드리히가 에칭으로 그린 〈불타버린 집 잔해 앞의 남자와 여자〉는 이제 프리드리히의 형 아돌프의 손자인 아돌프 빌헬름 랑구트와 그의 아내 테레제다. 화재는 오후 다섯시쯤에 시작되었는데, 앞 건물에 있는 약국과 오래된 비누 제조 공방에서 바닥 광택제를 끓이던 중에 불길이 휘발유통으로 번

지면서 곧바로 폭발했다. 불길은 계단실로 옮겨붙었고, "그곳에 있던 여러 가연성 물질에 힘입어" 위층으로 번져나갔다. 『그라이프스발더 타게블라트』 신문은 그 가연성 물질들이 정확히 무엇이었는지 끝까지 언급하지 않았다. 소방차 선발대가 시장 광장을 가로질러 현장으로 달려왔을 때는 이미 건물 뒷부분까지 불길에 휩싸여 있었다. 소방대원 수십 명이 호스 여덟 개로 쉼없이 물대포를 쏘아댔다. 그라이프스발트의 하늘이 환하게 빛났고, 시커먼 구름은 다홍빛으로 빛났다. 연기가 너무 자욱해서 소방대원들이 좁다란 건물 안으로 들어가지 못하고 건물 밖에서 화재를 진압해야 했고 활활 타오르는 불길에 쉴새없이 물을 뿌렸다. 그럼에도 전면의 건물은 속절없이 몽땅 불타버렸다. 소방대는 이제 불길이 좁은 골목으로 더 번지지 않도록, 무엇보다 근처에 있는 대성당이 위험에 빠지지 않도록 주변 건물을 보호했다. 프리드리히의 그림 〈불타는 집과 고딕 성당〉의 모습과 정확히 일치하는 상황이었다. 앞쪽에는 새까맣게 탄 지붕 구조물이 보이고 그 뒤로는 파괴될 수 없는 고풍스러운 웅장함을 지닌 교회가 우뚝 서 있는 모습이다.

세 시간 뒤 소방차 대열이 물러갔다. 그들은 할 만큼 했다. 온 도시에 연기와 그을음 냄새가 가득했고, 심하게 타버린 집 잔해에서는 수증기가 피어올랐다. 경찰이 와서 사고 현장을 수습했다. 한 구경꾼과 그의 어린 아들이 더 나은 자리를 차지하겠다며 큰 소리로 실랑이를 벌이며 소란을 피워서 그들의 인적 사항이 『그라이프스발더 타게블라트』에까지 실렸다.

그러나 뒤편 건물 위층에 있는 "가연성 물질들" 중에 오랫동안 집안에서 소장해오던 카스파 다비트 프리드리히의 그림 아홉 점도 포함되어 있었다는 사실은 신문에 실리지 않았다. 1901년 무렵 이 화가의 존재는 독일에서 까맣게 잊혔고, 그의 그림이 걸려 있는 미술관도 거의 없었으며, 프리드리히의 집안에서조차 카스파 다비트 프리드리히는 비누와 양초를 만드는 데 너무 서툴러서 한자동맹 도시 그라이프스발트에서 작센 지방의 드레스덴으로 도망친 별난 그림쟁이 조상 정도로 여겨졌다.

  이 집안의 문제아가 남긴 그림들이 지닌 유일무이한 가치를 알아본 이는 오직 함부르크 미술관 관장인 알프레트 리히트바르크뿐이었다. 1902년 프리드리히 형제의 후손들한테 프리드리히의 그림들을 사들여 미술관에서 소장하기 위해 그라이프스발트를 다시 방문했을 때 리히트바르크는 충격에 휩싸였다. "가을에 봤던 프리드리히의 그림 중 일부가 불에 탔다. 그나마 다행스럽게도 최고의 그림들은 아니었다. 랑에슈트라세에 있는 프리드리히의 집을 찾아갔는데 그 자리에는 새 건물이 들어서 있었다. 집주인이 창고로 안내했는데, 그저 잔해뿐 건질 게 아무것도 없었다. 그 모습을 보니 마음이 아팠다. 캔버스 틀과 천은 온전했지만 그림에 채색된 물감은 열기를 견뎌내지 못했다." 화재로 인해 그림은 수포로 뒤덮였고 새까맣게 그을렸으며, 여기저기 갈라졌다. 아홉 점의 그림은 진회색 분화구로 뒤덮인 달의 표면처럼 보였다. 모두 프리드리히에게 아주 특별하고 가족적인 그림들이었다. 두 점은 아내 카롤리네의 초상화였는데, 하나는 계단 위에 서 있는 모습이고, 다른 하나는 손에 촛대를 든 모습이었다. 그리고 어머니의 고향인 노이브란덴부르크를 스타가르더

성문을 배경으로 그린 그림 한 점, 나폴레옹 군대가 쳐들어왔을 때 엿새 동안 숨어 지냈던 드레스덴 근교의 울창한 우테발더 그룬트를 그린 그림 한 점. 하르츠 풍경화, 뤼겐 풍경화, 그라이프스발트 근교 바닷가를 배경으로 배 한 척이 있는 그림, 그리고 프리드리히가 몹시 사랑했던 울창한 떡갈나무에 둘러싸인 엘데나 수도원 유적지 그림이었다. 이 아홉 점의 그림은 한 편의 자서전이나 다름없었다. 이 불길에서 구조되지 못한 그림이 한 점 있었는데, 바로 카스파 다비트 프리드리히의 커다란 자화상이었다. 이 자화상은 자신의 창조주가 태어난 집에서 완전히 불타버렸다.

　불타버린 그림에 과거의 영광을 돌려주어 다시 빛나게 하고자 가족들은 한 가지 해결책을 찾았는데, 이 해결책에는 '아돌프'라는 이름을 꼭 붙여줘야 한다. 카스파 다비트 프리드리히의 형 아돌프 프리드리히의 손자이자 이 그림들의 소유주인 아돌프 랑구트가, 카스파 다비트 프리드리히의 누나 도로테아의 손자이자 화가인 프리드리히 아돌프 구스타프 플루크라트에게 도움을 청했기 때문이다. 이름이 아돌프이고 친척일 뿐만 아니라 그림 그리는 사람이기도 했기에 화재로 망가진 그림 아홉 점을 맡긴 것이다. 아돌프 구스타프 플루크라트는 그림들을 깨끗이 닦은 다음 대담하고 거침없이 다채로운 색으로 덧칠해버렸다. 물감의 색이 더 잘 배어들도록 하려고 불에 타 생긴 수포는 붓으로 밀어넣었다. 화재와 플루크라트의 붓질 가운데 이 그림들에 더 큰 피해를 준 것이 무엇인지는 알 수 없다. 어쨌든 이 아홉 점의 그림은 랑에슈트라세 28번지에서 제1차세계대전의 풍파에도 무사히 살아남았다. 다음으로 이 불쌍한 아홉 점의 그림을 물려받은 사람도 카스파 다비트 프리드리히 누이의 먼 후손이었는데 그만 파산하고 말았다. 더 정확하게 말하자면 화재로 재산을 모두 잃었다. 화재가 일어나기 전에 예술잡지 『벨트쿤스트』에 "카스파 다비트 프리드리히의 그림 팝니다"라고 광고를 냈지만 사겠다고 나서는 사람은 아무도 없었다.

어찌된 일인지 이 아홉 점의 그림 가운데 어두운 분위기의 〈우테발더 그룬트〉 그림이, 화재로 타버린 그라이프스발트의 생가에서 빠져나와 베를린으로 오게 된다. 이 그림은 매력이 넘치는 미술상 볼프강 구어리트의 손에 들어간다. 역시나 끊임없이 파산 위기 속에 살아가는 이 인물은 1920년대 황금기의 세태를 제대로 보여주는 연애 행각을 펼쳤다. 그는 자신의 매력을 이용해 강아지처럼 전방위로 꼬리를 쳤다. 구어리트는 전처와, 전처의 누이인 처제와(역시 형부에게 홀딱 빠져 있었다), 새로운 아내와, 딸들과, 그가 가장 사랑하는 연인 릴리 아고스톤과 함께 즐겁게 살고 있었다.

그 어려운 일을 해내다니 대단한 사람이다.

구어리트의 여인들은 서로 다른 가족 구성으로 베를린 서부에 있는 두 아파트에서 살고 있었고, 구어리트는 두 집을 오가며 지냈다. 생활 방식이 너무 사치스러워지면서 빚에 허덕이고 빚쟁이들에게 고소까지 당하자, 구어리트는 출판사를 차려서는 잠시 사귀었던 아니타 베르버의 사진들을 출판한다. 아니타 베르버는 댄서이자 배우였다. 그러나 음란물 유포죄로 새로운 소송들에 휘말렸고, 1932년에 구어리트는 공식적으로 파산을 선언할 수밖에 없게 된다. 포츠담 거리에 있는 구어리트 화랑에는 심하게 훼손된 〈우테발더 그룬트〉 풍경화가 인생의 흥망성쇠와는 아랑곳없이 여러 해 동안 벽에 걸려 있었지만 그 그림을 사려는 사람은 아무도 없었다. 너그럽게 봐줬을 때 그 그림의 오분의 일 정도가 진짜 대가의 손으로 그려진 것이고, 나머지는, 다시 말해 작센 골짜기의 짙은 갈색과 초록색 숲은 프리드리히의 후손인 플루크라트와 여러 복원가의 손을 거친 것이다. 불에 타서 생긴 수포에 색을 너무 채워 넣는 바람에 결국 모든 마법이 사라지고 말았다.

그래도 구어리트는 이 그림을 소중하게 아낀다. 심지어 유대인 할머니를 둔 탓에 독일을 떠나 오스트리아로 도망칠 때도 여행 가방 안 셔츠 사이에 이 그림을 숨겨 가지고 간다. 그 덕분에 두번째 화재로부터, 게다가 치명적인 화재로부터 프리드리히의 그림을 구해낸다. 1943년 11월 22일에서 23일로 넘어가는 밤에 폭격을 맞아 베를린에 있는 그의 집이 깡그리 다 타버리기 때문이다.

그러나 구어리트는 가장 귀중한 그림들을 가지고 자신의 하렘과 딸들과 함께 때맞춰 오스트리아의 바트아우스제로 이주했다. 그리고 아이러니하게도, 아돌프 히틀러가 린츠에 "총통 박물관"을 건립하기 위해 유럽 전역에서 약탈한 귀중한 그림들을 보관해둔 칼륨 광산에서 불과 몇백 미터밖에 떨어지지 않은 곳에서 살게 된다. 그 칼륨 광산 지하에는 얀 반에이크의 〈겐트 제단화〉를 비롯해 레오나르도 다빈치, 미켈란젤로, 렘브란트의 작품들이 숨겨져 있었다. 그 작품들은 모두 전쟁이 끝난 후 제자리로 돌아가지만 반쯤 불타버린 프리드리히의 그림은 바트아우스제에 있는 구어리트의 집에 남는다. 인생의 암초들은 물론 나치 시대까지도 능수능란하게 잘 헤쳐나올 만큼 수완이 좋았던 구어리트는, 전쟁이 끝난 후 린츠에 새로 건립된 미술관 관장 자리를 노렸고, 실제로 그 자리에 오른다. 구어리트는 관장이 되어서도 미술품 거래를 그만두지 않았다. 그는 아주 대담하게도 미술관 관장이라는 직위를 이용해 자신의 소장품을 160만 마르크에 팔았다. 불에 타버려 팔리지 않던 프리드리히의 그림을 꽤 높은 가격으로 국가에 팔아 그 돈을 자기가 챙긴 것이다.

그 어려운 일을 또 해내다니 역시 대단한 사람이다.

———

카스파 다비트 프리드리히는 유년기와 가족을 떠올릴 때면 항상 활활 타오르는 불꽃이 눈앞에 아른거리고 코끝에서는 재 냄새가 맴돈다. 노이브란덴부르크 출신의 베힐리 부부, 다시 말해 프리드리히의 외조부모는 대장장이였고, 어린 카스파 다비트는 까마득히 어렸을 때부터 말편자와 쇠띠를 녹이는 불꽃을 감탄하며 바라보았다.

소년 시절에 크비스토르프 선생님이 프라이슬러의 소묘책을 주면서 책에 있는 그리스 신 가운데 하나를 그려보라고 했을 때, 카스파 다비트 프리드리히는 두말할 필요 없이 불의 신 헤파이스토스를 고른다. 그는 헤파이스토스에게 기쁨의 미소를 그려준다. 그라이프스발트 랑에슈트라세 28번지에 있는 프리드리히의 집 지하실에서는 날마다 하루종일 가마에 불을 지폈고, 엄격한 아버지와 도제들이 동물 사체를 삶아 비누를 만들었다. 프리드리히는 온 집안에 진동하는 그 역겨운 냄새가 싫었다. 그는 다른 가마에서 나는 냄새를 훨씬 더 좋아했는데, 그 가마에는 나무토막을 태워 만든 밀랍이 끓고 있었다. 아버지와 형제들은 그 액체 상태의 밀랍으로 양초를 만들었다.

훗날 프리드리히는 여행중에 여러 날을 걷다가 서글퍼지고 길 잃은 기분이 들면 고향에서 만든 양초를 배낭에서 꺼내 냄새를 맡았다. 그러면 곧 기분이 좀 나아졌다.

1935년 7월 7일, 월트 디즈니가 바덴바덴주를 떠나 뮌헨으로 와서 아내와 함께 며칠 동안 그랜드 콘티넨털 호텔에 묵는다. 디즈니는 자기가 만든 동물 주인공의 창작물, 다시 말해 〈재미있는 팔레트: 미키 마우스 왕국〉이 바이에른 영화관의 공식 단편영화 프로그램으로 상영되는 것을 직접 보기 위해 제3제국을 방문한 것이다. 나치가 쥐 수준에서는 다른 통치 영역을 용인한 셈이다. 무엇보다 히틀러가 월트 디즈니 프로덕션의 공공연한 팬이기 때문이었다. 영화 상영이 끝나고 나서 디즈니는 뮌헨 시청에 있는 크리스티안 카이저 서점과 뮌헨 시내 마리엔광장에 있는 후겐두벨 서점에 들른다. 서점 직원들은 당시 유행하던 날렵한 콧수염에 보기 좋게 그을린 캘리포니아 피부색을 지닌 매력적인 미국인을 보고서 눈을 빛냈다. 이날 디즈니가 무려 149권의 화보집과 그림책을 샀기 때문이다. 디즈니는 유럽의 드로잉 기술과 회화 기술을 할리우드에 있는 자신의 스튜디오로 가져가려 했다. 지금 폭발적으로 성장하고 있는 꿈의 공장에서 일하는 젊은 애니메이터들에게 영감을 주기 위해서 루트비히 리히터의 아이디어와 『짐플리치시무스』의 그림 스타일과 카스파 다비트 프리드리히의 풍경화가 필요했다. 디즈니는 미국으로 돌아가는 배에 오를 때 게오르크 야콥 볼프의 『독일의 화가 시인들』과 『독일의 숲과 새』도 챙겨간다.

그로부터 3년이 지난 1938년 여름, 월트 디즈니와 토마스 만은 하버드대학교에서 함께 명예박사 학위를 받는다. 수여식이 끝나고 축하 만찬 자리에서 토마스 만 박사는 옆자리에 앉은 월트 디즈니 박사에게 펠릭스 잘텐의 책을 소개했을 것이다. 노루 '밤비'의 모험에 관한 작품인데, 혹시 만화영화의 소재가 될 수 있지 않겠느냐면서.

디즈니는 그 책을 구해 읽고는 완전히 매료된다. 디즈니는 사내 도서실 서가에서 옛 독일책들을 꺼내어 애니메이터들에게 주면서 독일 낭만주의 정신이 살아 있는 이야기를 만들어보라고 지시한다. 그리고 심지어 진짜 노루 새끼 두 마리를 스튜디오에 데려와 모델로 삼는다. 수컷 밤비와 암컷 펠리네였다. 애니메이터들은 이 노루 새끼들의 움직임을 있는 그대로 그림으로 포착한다. 이 만화영화는 원작처럼 불이 중요한 역할을 하는데, 사냥꾼들이 피운 모닥불 때문에 숲에 위험이 닥친다. 밤비는 이 모닥불의 짙은 연기 냄새를 맡는다. 그리고 곧 숲 전체가 불길에 휩싸인다.

영화에서 작은 밤비가 껑충껑충 뛰면서 거대한 가문비나무 숲과 안개 낀 들판을 지날 때, 카스파 다비트 프리드리히의 〈산속의 아침 안개〉가 떠오른다. 노루가 사냥개들을 피해 산속으로 도망칠 때는 꼭 프리드리히의 〈바위산 협곡〉으로 도망치는 것 같다. 영화 속 바위와 나무 기둥들은 프리드리히의 그림 속 바위와 나무 기둥과 똑같이 생겼다. 마지막에 밤비가 불길에 휩싸인 숲 위로 붉게 빛나는 하늘을 올려다볼 때면, 프리드리히의 그림 속 하늘과 완전히 똑같은 풍경이 펼쳐진다. 동양 회화와 독일 낭만주의를 결합하여 〈밤비〉의 자연 풍경을 만들어낸 이는 바로, 젊은 중국인 화가 타이러스 웡이다. 훗날 타이러스 웡은 디즈니를 떠나 워너 브라더스로 가서 〈이유 없는 반항〉의 삽화를 그린다.

―――

펠릭스 잘텐의 『밤비』는 1933년 5월 10일 분서 사건 때 처음 불구덩이 속에 던져진 책들 가운데 하나였다. 유대인 작가 펠릭스 잘텐은 유대인들의 절박한 상황을, 살아남기 위해 고군분투하는 노루 새끼에 투영했다. 그러나 소용없는 일이었다. 갈색 셔츠를 입은 나치 당원들은 "계급 투쟁과 물질만능주의에 반대한다"는 구호를 외치면서 잘텐의 책을 클라라 체트킨과 레오 트로츠키의 책과 함께 불 속에 던져넣었다.

4년의 제작 기간을 거쳐 1942년에 월트 디즈니의 만화영화 〈밤비〉가 영화관에서 개봉했고, 아돌프 히틀러는 유럽에서 이 영화를 가장 먼저 본 사람 가운데 하나였다. 히틀러는 제2차세계대전이 한창인 와중에 베르크호프에 있는 개인 전용 영화관에서 밤비가 불길을 피해 달아나는 장면을 보면서 감동받는다.

카스파 다비트 프리드리히는 언제 사랑의 불꽃을 피울까? 코펜하겐 미술 아카데미에서 공부할 때부터 이미 친구들은 프리드리히가 영영 숫총각으로 남을까봐 걱정했다. 프리드리히와 가장 절친한 화가 요한 루트비히 룬트는 1798년 5월 1일에 고향으로 돌아가면서 방명록에 두 가지 질문을 남긴다. "소년을 남자로 만드는 것은 무엇일까? 남자를 강하게 만드는 것은 무엇일까?" 그러고는 곧바로 이런 답을 단다. "사랑스러운 아가씨의 입맞춤." 좀더 시적으로 표현하자면 "사랑만이 우리를 강력하게 삶으로 이끈다". 그로부터 1년 뒤, 드레스덴에 정착한 프리드리히를 찾아온 룬트는 포메른 출신의 숫기 없는 남자가 여자들과 친해지게 해주려고 직접 나선다. 그러나 집주인의 딸 로지네와 이지도레는 잘생긴 룬트에게만 관심을 보일 뿐이었다. 그래도 작센의 작은 마을 하이니헨에 프리드리히의 욕망과 감정을 일깨운 "M"이 있었던 게 틀림없다. 얼마 후 프리드리히는 파리로 떠난 룬트에게 보낸 편지에 비밀을 털어놓듯 이 일을 전한다. 그러나 웬일인지 별다른 진전이 없었던 듯하다. 노이브란덴부르크 근교 브레젠에 사는 누이 도로테아를 찾아가 몇 달 동안 실컷 울며 마음을 달랜 프리드리히는 1802년 2월 3일에 작은 자화상을 그린다. 그림 속 남자는 지치고 슬픈 얼굴로 표지석에 기대 누워 있고, 모자와 여행용 지팡이와 배낭은 풀숲에 버려진 듯 널브러져 있

다. 표지석에는 "하이니헨까지 1시간 반"이라고 쓰여 있다. M에게 퇴짜를 맞았거나, M이 다른 남자와 결혼해서 이 길을 더 가지 않은 게 아닐까? 알 수 없는 일이다. 여하튼 이때부터 1년 동안 그의 그림에 슬픔이 드리운다. 고개 숙인 남자들, 우울한 여인들, 한마디로 멜랑콜리 가득한 작품들이 탄생한다.

어쨌거나 프리드리히는 파리에 있는 친구 룬트에게 이런 베드신을 들려준다. "얼마 전에 기발한 생각이 떠올랐네. 침대에 정말 힘차게 몸을 던진다면 침대를 뚫고 바닥에 떨어질지 알고 싶어졌지." 흥미롭다. 프리드리히가 정확히 뭘 한 것인지는 분명하지 않지만, 그 결과는 어쨌든 화가의 기대에 부응했다. "나는 그 일을 시도했고 다행히 뚫고 나왔네."

브레슬라우와 드레스덴 사이, 마법에 걸린 듯한 오버라우지츠의 고대 무역로에 인접해 있는 웅장한 바로크 양식의 건물 '요아힘슈타인 자유 세계 귀족 복음주의 수녀원'의 한 작은 방에 고령의 조피 엘리자베트 폰 노스티츠 운트 엔켄도르프가 살고 있다. 드레스덴 귀족 여성들을 위한 이 위엄 있는 수녀원에는 웅장한 다리가 하나 있는데, 성을 둘러싼 해자를 건너기 위한 다리다. 이 다리에는 4원소를 형상화한 네 개의 석상 장식이 있다. 그렇기에 다음 이야기는 4원소를 토대로 구성된 이 책에 특히 잘 어울릴 것이다. 200년 된 보리수나무 앞에 놓인 이 "맨넬 다리" 위에는 불을 상징하는 제우스가 번개를 들고 서 있고, 물을 상징하는 포세이돈이 삼지창을 들고 서 있으며, 공기를 상징하는 헤라가 공작과 함께 서 있고, 대지를 상징하는 레아가 성벽관을 쓰고 서 있다.

이제 이 다리를 건너는 것은 귀족 숙녀들뿐이지만 몇백 년 전에는 여러 귀족 신사들도 말을 타고 이 다리를 건너왔다. 1745년에는 프리드리히대왕이 시종들을 데리고 이곳에 행차했고, 나폴레옹과의 전쟁 때는 훗날 독일 황제가 되는 프로이센의 빌헬름 왕자도 블뤼허 장군, 그나이제나우 장군과 함께 이곳을 찾았었다. 그나이제나우 장군은 1813년 9월 9일 일기에 이렇게 적었다. "우리는 이곳 수녀원에 사령부를 두고 있다. 모두 같은 성에서 지내면서 식탁은 함께 쓰지만 침대는 공유하지 않는다. 적어도 내가 아는 한은."

때는 20세기 초, 이 거대한 바로크 양식의 성은 작은 섬 위에 고요히 서서 쓸쓸히 기울어가고 있다. 이곳에서 들리는 가장 큰 소리는, 매일 저녁 정각 여섯시에 관리인의 아내인 젤마 하이니츠가 이곳에서 지내는 귀족 숙녀들에게 저녁식사하러 식당에 모이라고 알리기 위해 울리는 작은 종소리가 고작이다. 가볍게 식사하고, 하얀 천으로 된 냅킨으로 톡톡 누르며 입가를 깨끗이 닦고, 레드와인을 한 잔 마시고, 카드놀이를 하고, 모든 것이 지금보다 더 좋았던 옛 시절을 이야기한다. 그러고 나면 다들 일찍 잠자리에 든다.

그런데 어느 날, 노르웨이에서 온 활기차고 우아한 미술연구가 안드레아스 오베르가 대문을 두드리더니 지체 높은 백작 영예를 뵙고 싶다고 청한다. 수녀원에는 큰 소란이 일어난다. 백작 영예가 응접실에서 방문객을 꼼꼼히 살펴본 뒤 자기 방으로 데려가자, 복도에서 귀족 숙녀들이 귓속말로 속닥인다. 오베르는 이 백작 영예의 방에 있는 높다란 침대 머리맡에 아주 특별한 그림이 걸려 있다는 이야기를 어디선가 들었다. 사실 오베르는 동포 화가 요한 크리스티안 클라우젠 달을 연구하기 위해 드레스덴에 온 것이었는데, 달에 관해 깊이 파면 팔수록 1820년대와 1830년대에 "안 데어 엘베 33번지"에 있는 달의 아랫집에서 벌어진 일에 점점 감탄하게 되었다. 요한 크리스티안 클라우젠 달이 카스파 다비트 프리드리히 가족이 살던 집 위층에 살았기 때문이다. 오베르는 그때부터 몇 년 동안 이곳저곳 돌아다니면서 카스파 다비트 프리드리히에 대해 알아보았다. 19세기 말에는 카스파 다비트 프리드리히라는 이름을 아는 이가 아무도 없었다. 그런데 드레스덴 미술관에서 프리드리히에 관해 묻자, 물론 그곳 미술관에 프리드리히의 그림은 단 한 점도 걸려 있지 않았는데, 어떤 늙은 관리인이 언젠가 그 이름을 들어본 적이 있다는 사실을 떠올리고는 발을 질질 끌며 자리를 뜨더니 10분 뒤, 보관소 깊숙한 곳에서 먼지를 뒤집어쓰고 처박혀 있던 〈달을 바라보는 두 남자〉를 들고 올라왔다. 아주 오래전에 달이 이 미술관에 기증한 그림인데, 산업화와 근대화가 프리드리히를 구닥다리로 만들어버려 창고로 밀려난 것이다.

거의 혼자 힘으로, 독일인도 아닌 노르웨이 사람 안드레아스 오베르는 독일인들에게 카스파 다비트 프리드리히의 위대함을 일깨워주려고 애쓴다. 오베르는 프리드리히의 그림을 간직하고 있는 프리드리히의 손자와 프리드리히 누이의 손자가 있는 그라이프스발트와 노이브란덴부르크도 찾아갔을 뿐만 아니라, 프리드리히의 모든 발자취를 따라갔다. 그 발자취 중 하나가 1909년 10월의 어느 황량한 가을날 오베르를 오버라우지츠에 있는 요아힘슈타인 성 수녀원으로 이끈 것이다. 허락을 받아 조피 엘리자베트 폰 노스티츠 운트 엔켄도르프의 방에 들어섰을 때, 오베르는 침대 앞에서 몇 초 동안 입을 다물지 못했다. 그곳에, 어스름한 황혼빛 속에, 아름다움과 완벽함과 마법과 풍부한 빛으로 가득한 그림이, 지금껏 본 프리드리히의 그림 중에서 가장 감동적인 그림이 걸려 있었다. "진짜네요, 프리드리히 그림이네요." 오베르는 더듬거리며 말했다. "네." 백작 영예는 이렇게 대답하고는 물과 딱딱한 비스킷을 내놓았다. 그러고는 이야기를 시작했다. 섬세한 감각을 지닌 작센 장관이었던 그녀의 할아버지 고틀로프 아돌프 에른스트 폰 노스티츠 운트 엔켄도르프가 1832년에 제비뽑기로 〈드레스덴의 오스트라게헤게〉를 추첨받았고, 아들 율리우스 고틀로프에게 이 그림을 물려주었으며, 그가 이 그림을 딸인 백작 영예에게 유산으로 물려주었다는 것이다. 이 그림 속 하늘을 보며 우울한 마음에 조금이나마 위로를 얻을까 하는 바람에서였다. 감탄에 빠져 있는 노르웨이인에게 백작 영예는 한평생 하루도 빠짐없이 이 그림을 보았다고 말한다. 너무 예의바른 오베르는 백작 영예에게 차마 정확한 나이는 묻지 못하고, 그것이 정확히 며칠이나 될지 머릿속으로 헤아려본다.

  4원소 다리를 건너야만 이곳에 올 수 있기 때문에 〈드레스덴의 오스트라게헤게〉는 사실 딱 맞는 장소에 걸려 있는 셈이다. 그림 속 하늘은 불처럼 환히 빛나고, 물은 장엄하고 고요하게 흐르며, 대지는 침묵하고, 공기는 우리에게 비밀을 속삭인다. 프리드리히는 4원소의 아우성 속에 불현듯 침묵의 마법을 일으킨다.

그러나 수십 년 동안 방에서 난로 연기를 쐰 탓에 캔버스가 윤기를 잃고 칙칙해졌다. 그래서 예술에 조예가 깊은 방문객은 이 그림을 드레스덴에 있는 복원가에게 보내 깨끗이 닦고 새로 바니시를 바르게 하라고 그림의 소유주에게 조언한다. 오베르는 이 그림은 정말 보석 같은 작품이라고 덧붙이고는, 당연히 아주 좋은 화재보험을 들어놓았기를 바란다고 말한다. 두 사람은 조금 더 이야기를 나누고, 물을 마시고, 비스킷을 먹는다. 그리고 마침내 노르웨이 연구가는 드레스덴으로 가는 마지막 기차를 타기 위해 급히 자리에서 일어난다.

오베르가 가고 나서 백작 영예는 홀로 고요히 미소 짓는다. 프리드리히의 그림이, 그녀의 인생이나 다름없는 이 그림이 수십 년 동안 잊혀 있다가 마침내 수녀원 밖 넓은 세상에 발견된 것에 감사하면서. 그것도 이렇게 예의바른 신사한테. 그러나 오베르가 가고 나서 시간이 흐르면 흐를수록 "화재보험"이라는 단어가 계속 머릿속을 맴돈다. 사람이 나이가 들어 시간이 많아지면 생각도 많아지는 법이다. 물론 오베르에게 이 그림이 화재보험에 가입되어 있지 않다는 사실은 말하지 않았다. 카스파 다비트 프리드리히의 생가가 불에 탔다는 얘기를 듣고서도 그림에 화재보험을 들지 않은 자신이 부끄러웠다. 어찌 이리 부주의할 수 있을까? 얼마나 자주 양초가 쓰러져 넘어지거나 등불이 다 타버렸던가?

이제 백작 영예는 행동에 옮긴다. 전화를 걸고, 드레스덴에 편지를 보내고, 추천받은 복원가 크라우제와 얘기를 나눈다. 그러고 나서 〈드레스덴의 오스트라게헤게〉는 며칠 전 안드레아스 오베르가

1. 불

떠났던 길과 똑같은 길을 따라 긴 여정에 오른다. 라드메리츠에 있는 수녀원을 떠나, 1832년에 카스파 다비트 프리드리히가 이 그림을 그렸던 드레스덴으로 돌아가는 것이다. 복원가로부터 답장을 받은 백작 영예는 드레스덴 미술관 관장 카를 뵈어만에게 아주 정중한 편지를 쓴다. "노르웨이에서 온 미술 평론가의 권고로 제가 소장하고 있던 C. D. 프리드리히의 유화 〈드레스덴의 오스트라게헤게〉를 청소하고 새로 바니싱 처리를 하기 위해 드레스덴으로 보냈습니다. 그와 동시에 적절한 화재보험에 가입하기 위해 이 그림의 현재 가치를 문의했습니다." 그런데 그림의 가치가 너무 높아서 덩달아 화재보험료도 너무 비쌌기 때문에 이 그림을 드레스덴 미술관에 파는 게 어떨지 고민하고 있다고 백작 영예는 말한다. 1909년의 독일어로 표현하자면 이랬다. "혹시 드레스덴 왕립 미술관에서 관심이 있을지 귀하에게 하찮은 질문을 감히 드려도 될까요?" 드레스덴 왕립 미술관은 이 사안을 대단히 중요하게 여기고 강한 관심을 보여 불과 4주 뒤 〈드레스덴의 오스트라게헤게〉를 실제로 매입한다. 그런데 구매 심의위원회에서 반대가 있었다. 미술 아카데미 교수이자 아주 존경받는 화가인 헤르만 프렐과 고트하르트 퀼이 반대하고 나선 것이다. 회의록에 따르면 두 사람이 "19세기 초반 원시적인 독일 풍경화 양식이 지닌 투박함에 익숙해질 수 없었기 때문에" 구매에 반대했다고 기록되어 있다. 1909년 드레스덴에서 에른스트 루트비히 키르히너, 에리히 헤켈, 막스 페히슈타인과 더불어 화제를 불러일으킨 화가 집단 "다리파"도 카스파 다비트 프리드리히처럼 "투박함"과 "원시성" 때문에 조롱당했다는 점을 생각하면 아주 재미있다.

어쨌든 라드메리츠에 있는 수녀원 방에서 백작 영예 조피 엘리자베트 폰 노스티츠 운트 옌켄도르프는 프리드리히 그림이 이제 미술관에서 안전하게 보관될 수 있어서, 그리고 미술관이 그림의 값으로 2000라이히스마르크를 지불했을 뿐만 아니라 화재보험도 들었다는 사실에 기뻐한다. 그러나 매일 저녁 침대 머리맡에 영국식 꽃무늬 벽지 위에 남겨진 하얀 자국, 그러니까 수십 년 동안 자신의 삶을 밝혀준 〈드레스덴의 오스트라게헤게〉가 떠난 빈자리를 볼 때마다 조금 슬퍼진다.

그리고 1945년 추운 봄, 소련군이 수녀원에 쳐들어와 이곳에서 살고 있는 숙녀들을 쫓아낸다. 공포에 질린 채 성에서 빠져나온 여인들은 서쪽으로 도망친다. 여인들이 지내던 방을 차지한 소련 군인들은 벽에 걸린 커튼과 그림을 모조리 뜯어내 불을 피우고 몸을 녹인다. 나무틀에 끼워져 있는 데다, 메마른 캔버스에, 조각이 새겨진 나무 액자에 들어 있는 그림들은 불에 특히 잘 탔다. 여담으로 보험약관에 따르면, 전쟁 피해는 화재보험의 보장 항목에 포함되지 않는다.

30~40년 전쯤, 프랑스에서 한 작은 골동품가게가 문을 닫게 되었는데 마침 헤센 출신의 미술품 수집가가 자동차를 타고 지나가다가 문 앞에 세워져 있던 작은 풍경화 두세 점을 몇 프랑에 산다. 그의 어머니가 그중 한 그림을 무척 마음에 들어 해서 젤리겐슈타트에 있는 집 거실에 자신의 견진성사 사진과 은혼식 사진 옆에 걸어둔다.

그로부터 여러 해가 지난 어느 날 저녁, 드레스덴 미술관의 화집을 훑어보던 아들은 흠칫 놀란다. 자기가 어머니에게 선물한 그림과 똑같은 그림이 실려 있었기 때문이다. 그림 밑에 〈카스파 다비트 프리드리히: 드레스덴의 오스트라게헤게, 1835〉라고 쓰여 있었다. 위층 어머니 방에 걸려 있는 그림이랑 같은 그림일까? 다만 크기만 더 작은? 그럴 리 없었다. 문헌 그 어디에도 이 그림에 두번째 버전이나 습작이 있다는 언급은 없었다. 그래도 미술관에 있는 그림과 비교해보려고 그는 지체 없이 그림을 벽에서 떼어내 드레스덴으로 달려간다. 수집가는 물론 미술관 측에서도 몹시 흥분한다. 열광의 도가니였다. 놀랍도록 똑같았다. 프리드리히가 작품을 그릴 때 그런 습작을 했다는 얘기는 들어본 적이 없지만 이 그림은 예외로 보였다. 다만 큰 그림에만 그림 한가운데 배가 추가되었다. "아이고, 애야, 원한다면 그 그림을 팔거라, 나는 다른 그림을 걸지 뭐"라고 어머니가 말했다고 수집가는 얘기한다. 그리고 어머니 말대로 한다. 수집가는 런던의 미술상한테 그림을 판 돈으로 젤리겐슈타트에 집을 한 채 짓는다. 그리고 집 주춧돌에 프락투어 글씨체로 "DOMUS CASPAR DAVID FRIEDRICH"*라고 새겨넣는다. 〈드레스덴의 오스트라게헤게〉 습작은 나중에 뉴욕으로 팔렸는데, 100만 달러라는 훨씬 더 높은 가격으로 팔렸다. 그 헤센 수집가는 화가 났을까? "전혀, 아닙니다"라고 그는 차분한 목소리로 말했다. 그리고 이렇게 덧붙였다. "우리는 충분히 이익을 봤습니다."

* '카스파 다비트 프리드리히의 집'이라는 뜻.

그림의 새로운 주인은 파생상품과 옵션거래로 억만장자가 된 은행가였는데, 어느 날 전시회에 대여해주려고 그림을 찾았지만 넓디넓은 저택 그 어디에서도 찾을 수가 없었다. 그런데 어느 해 겨울 뉴욕에 갑자기 폭설이 와서 겨울코트를 찾다가 코트 뒤 옷장 구석에 처박혀 있는 카스파 다비트 프리드리히의 〈드레스덴의 오스트라게헤게〉 습작을 발견한다. 가정부가 그곳에 둔 것이었다. 부엌을 청소하는데 걸리적거렸기 때문이라고 했다.

여느 때처럼 황혼녘에 아우구스투스 다리를 따라 엘베강을 건너던 카스파 다비트 프리드리히는 오늘따라 하늘이 유난히 깜빡거린다고 생각한다. '내가 술을 너무 많이 마셨나?' 오늘따라 신이 저녁노을 색을 만드는 데 힘을 너무 많이 쓴 듯, 드레스덴 위로 구름 낀 하늘이 터무니없이 새빨갛게 빛난다. 노란색마저도 태양이 엘베강 뒤로 거의 가라앉았을 무렵 평소 저녁 하늘의 부드럽고 은은한 빛깔이 아니다. 프리드리히는 새로운 고향에서 알게 된 저녁 하늘의 노란빛을 사랑하게 되었다. 그러나 지금은 평소와 달랐다. 활짝 핀 유채꽃밭처럼 샛노랗다. 며칠 전부터 그랬다. 눈을 비벼봐도 하늘에 펼쳐진 장관은 그대로였다. 모든 색깔이 구름과 힘겨루기를 하는 것 같았다. '그래, 지금 이 모습을 그려야겠어. 그게 내 직업이잖아.' 프리드리히는 혼자 생각하며 살짝 미소 짓는다. 스케치북에 연필로 재빠르게 초안을 그리고 색깔들을 메모한다. 노란색, 빨간색, 주황색,

1. 불

메모하다가 오늘 하늘에서 본 것을 언어로 표현하기에는 형용사가 부족하다는 것을 깨닫는다. 그때 바람이 불어와 모자가 날아갈 뻔한다. 그러더니 서쪽에서 다시 비구름이 몰려와 마지막 빛을 집어삼킨다. 1816년 여름이었다. 그러나 올해 여름은 여름 흉내만 낼 뿐 전혀 여름 같지 않았다. 비가 오고, 또 비가 오고, 또 비가 왔다. 엘베강이 범람하여 상류 쪽 강가에 있는 나무 기둥들이 물에 휩쓸려가기도 했다. 게다가 추웠다. 계절에 어울리지 않게 너무 추워서, 요즘 말로 추워도 너무 추웠다. 5월 말이 되어서야 나뭇잎이 싹을 틔웠고, 오순절이 되었음에도 방에 땔감을 많이 때야 얼어죽지 않을 판이라며 카스파 다비트 프리드리히는 저녁에 형에게 편지를 쓰면서 하소연한다. 그런데 이튿날 아침, 멋진 하늘이 추운 초여름밤을 잊게 해준다. 잠시 구름이 걷히고, 주황색과 노란색과 빨간색의 축제 공연이 다시 시작되었다. 프리드리히는 날이 밝으면 잠이 덜 깬 엘베강을 따라 늘 똑같은 길로 아침 산책을 한다. 한결같은 물결을 바라보면 마음이 편안해진다. 프리드리히는 밤이 낮에 자리를 내어주고 하늘에 뜬 초승달이 희미해지는 모습을 기분좋게 바라본다. 아틀리에에 돌아온 프리드리히는 그림을 그리기 시작한다. 어제 저녁과 오늘 아침에 보았던 유난히 깜빡이는 하늘의 장관을 그림에 담는다. 그리고 한 여인을, 그저 뒷모습을 그려넣는다. 그러면 인물을 제대로 못 그려도 별로 눈에 띄지 않는다는 사실을 이제 알아차렸다. 엄숙한 의복을 차려입고 머리에 왕관을 쓴 여인은 마치 여사제처럼 팔을 살짝 들어올리고 있다. 하늘을 밝히는 경이로운 불빛에 경배하는 것이다. 그녀의 눈에는 그것이 신의 증표로 보인다.

아주, 아주, 먼 훗날에야 사람들은 1815년 4월 5일에 인도네시아 숨바와섬에서 탐보라 화산이 폭발하면서 엄청난 양의 마그마와 화산재가 방출되어 전 세계 기후에 영향을 주었다는 사실을 알게 된다. 유럽에서는 쉴새없이 비가 내렸고, 여름이 사라져 흉작과 기근으로 가득한 한 해가 되었다. 유황 구름의 미세한 황산 입자가 바람을 타고 전 지구로 퍼져 예년처럼 따뜻해지지 못한 것이다. 그러나 일단 태양이 주도권을 잡아 수백만의 유황 입자를 뚫고 태양광선이 비추면 빛이 산란하면서 유례없이 강렬한 색깔이 만들어졌다. 특히 태양이 비스듬히 비추는 아침과 저녁이면 하늘은 최고의 장관을 펼쳤다. 그런데 우리에게 이 자연재해에 대해 얘기해주는 것은 오직 화가들뿐이다. 1815년과 1816년에 그려진 불타는 하늘은 순수 사실주의다. 영국의 하늘마저도 날이 저물 무렵이면 이제까지 한 번도 본 적 없는 강렬한 색으로 물들었다. 영국의 화가 윌리엄 터너가 그린 현란하게 빛나는 하늘 그림이 오늘날까지 그 일을 증언해준다.

앞에서 말한 그림, 그러니까 마법 같지만 사실은 눈에 보이지 않는 화산재 입자들로 빛나는 하늘을 담은 프리드리히의 그림 제목은 바로 〈석양 앞의 여인〉이다. 주로 그렇게 불리는데, 가끔은 〈떠오르는 태양 앞의 여인〉으로 불리기도 한다. 전문가들은 완전히 의견이

갈려 도저히 합의점을 찾지 못했다. 누군가 계산해봤더니 1974년까지 스물여섯 명이 아침 여명, 고작 네 명이 저녁 황혼으로 해석했다고 한다. 그러나 그사이 상황이 바뀌어서 이제 일몰이냐 일출이냐를 두고 무승부 상태다. 그리고 무승부에 걸맞게 이 싸움은 이제 연장전에 들어갔다.

그런데 화산 폭발로 강렬하게 빛나는 하늘을 향해 서 있는 이 여인은 누구일까? 후보는 세 사람이다. 그리고 1816년경에는 카스파 다비트 프리드리히가 여자든 남자든 뒷모습만 그렸기 때문에 추측만 해볼 따름이다(정말 특정한 여인을 염두에 두고 그린 거라면 말이다). 여하튼 하늘을 향해 경건하게 두 팔을 들어올린 독특한 몸짓은 노이브란덴부르크에 있는 신新 성문 안쪽 면에 있는 숭배자 여인상 조각에서 영감을 받았을 것이다. 한 후보는 율리 크래머다. 1815년에 율리 크래머가 프리드리히와 절친했던 동생 크리스티안에게 쓴 편지가 남아 있는데, 이 편지에서 율리 크래머는 이미 다른 남자와 결혼한 몸이었음에도 화가 프리드리히에게 끝없는 찬사를 보내고 있다. 그런데 이 그림이 그려진 해에 카스파 다비트 프리드리히의 동생 하인리히의 아내가 죽었기 때문에, 이 작품은 하인리히의 아내 아말리에를 추모하는 그림일 수도 있다. 이 그림을 하인리히가 소장하고 있었고, 마지막으로 이 그림을 소장하고 있던 이가 하인리히의 며느리였다는 사실이 이 추측을 뒷받침해준다. 마지막 후보는, 1818년에 마흔네 살의 화가 프리드리히를 영원할 것 같았던 총각 신세에서 벗어나게 해준 카롤리네 보머다. 카롤리네 보머의 약혼반지에는 1816년이라는 연도가 새겨져 있는데, 불쌍한 예비신부가 약혼하고 나서 혼인 서약을 듣기까지 2년이나 기다리게 하다니 신중한 프리드리히답다. 어쩌면 프리드리히는 드레스덴 미술 아카데미의 회원이 되어 급료 150탈러를 받게 될 때까지 기다렸을지도 모른다. 순진한 프리드리히는 그 돈이면 가족을 먹여살릴 수 있을 거라 믿었다. 두 사람은 카롤리네의 오빠가 운영하던 가게에서 알게 된 듯한데, 프리드리히가 연필을 사던 가게였다. 그러나 두 사람이 정확히 어떻게 만났는지는 아무도 모른다. 유일하게 알려진 사실은, 프리드리히가 친구들에게 곧 결혼할 것 같다고 이야기했을 때 친구들이 예비신부의 이름을 물어봤지만 정확한 이름을 몰랐다는 사실이다. 한편 그녀의 성에도 특별한 사정이 있었다. 원래 성은 '포머Pommer'였다. 그녀의 집안이 몇 년 전에 헤센에서 드레스덴으로 이주해왔을 때만 해도 그랬다. 그러나 발음이 또렷하지 못한 드레스덴 사투리 때문에 사람들이 'ㅍ'을 자꾸 'ㅂ'으로 발음해서 자기를 "보머"라고 부르는 바람에 마음이 상한 그녀의 아버지가 아예 개명한 것이다. 그러니까 하마터면 포메른 남자가 포메른 여자와 결혼할 뻔한 셈이다.* 프리드리히는 형제들에게 보낸 편지에서 카롤리네의 성에서 웅장한 'ㅍ'이 사라진 이유를 궁금해하며 농담을 한다.

한편 결혼식 시각과 하객을 보면, 위대한 낭만주의자 카스파 다

---

* 'Pommer'는 포메른 사람이라는 뜻.

1. 불

비트 프리드리히가 사랑 문제에서는 실용주의자 성향을 지니고 있었음이 드러난다. 프리드리히는 1818년 1월 21일에, 그것도 아침 여섯시에, 수수하고 순진한 스물다섯 살 처녀 카롤리네 보머와 결혼식을 올린다. 밖은 여전히 칠흑같이 어두웠고, 드레스덴 성십자교회 안에 켜져 있는 몇 개 안 되는 촛불만이 신랑 신부의 얼굴을 밝혀주었다. 결혼식에 참석한 사람은 카롤리네의 어머니와 오빠뿐이었다. 꼭 아무도 모르게 결혼하려는 사람처럼 말이다. 신랑 신부는 결혼식이 끝나고 바로 신혼여행을 떠나지 않고 집으로 돌아온다. 프리드리히는 당연하다는 듯 아틀리에로 가서는 아무 일도 없었던 듯 그림을 마저 그린다. 며칠 뒤에 프리드리히는 형제들에게 편지를 띄우면서 이제 점심때마다 자기에게 식사하러 오라고 말하는 존재가 집안에 있다는 사실이 기이하게 느껴진다고 쓴다. 그리고 저녁에는 아내가 자기와 얘기를 나누고 싶어해서 아쉽게도 더이상 밖에 나가서 자연의 공기를 마실 수 없다고, 모든 것이 아주 괴이하게 느껴진다고 쓴다. "이제 무엇을 하든 아내를 신경쓰고, 또 그래야 한다는 게 이상해." 화산재에 의해 마법에 걸린 하늘을 향해 찬미하듯 팔을 들어 올린 여인이 프리드리히의 아내가 아닐지도 모르겠다. "네 형편에 맞는 행복을 추구하라." 1789년 3월 1일에 열네 살의 프리드리히가 정성스럽게 그린 도화지에 쓴 경고문이다. 보아하니 그는 평생 이 원칙을 지킨 것 같다. 동료 화가 게르하르트 폰 퀴겔겐의 아내는 프리드리히를 두고 "가장 짝이 없을 것 같은 사람"이라고 말했다. 그래도 어찌된 일인지 코가 꿰인 프리드리히는 형제들에게 보낸 편지에 이제 집에 "사랑의 보금자리"도 있다고 쓴다. 훗날 프리드리히의 편지들을 책으로 묶어낸 발행인들은 이 표현이 너무 낯부끄러웠는지, 게다가 프리드리히를 순결한 기독교도인으로 기리는 데 어울리지 않다고 여겼는지 편지에 이 표현이 나올 때마다 삭제한다. 그러나 그들이 사랑하는 '바닷가의 수도사' 프리드리히가 사랑의 보금자리에서 카롤리네와 함께 세 아이를 만들어내는 것을 막을 수는 없었다.

━━

그것 말고도 카롤리네 보머는 차가운 포메른 남자 카스파 다비트 프리드리히의 마음에 불을 지펴 활력을 불어넣는다. 결혼 직후 한 남자 고객에게 그림을 여러 점 판 돈으로 카롤리네는 살림살이를 맘껏 사들인다. 엘베강가의 허름한 방에 곧 새 오븐과 벽난로가 생겼고, 카롤리네는 이 벽난로에 줄기차게 불을 땠다. 벽난로 위에서는 새로 산 커피 주전자가 쉴새없이 지글지글 끓었다. 여자가 쇼핑하러 가면 돈이 엄청 많이 든다며 프리드리히는 재미있어한다. 그렇게 두 사람은 갑자기 "커피 볶는 기계, 커피 그라인더, 커피 드리퍼, 커피 자루, 커피 주전자, 커피잔"을 갖게 된다. "이 모든 게 필요해지다니, 놀랍군" 하고 감탄하면서 프리드리히는 커피를 한 모금 마신다. 1818년 1월 28일에 쓴 편지에 묻은 작은 갈색의 커피 얼룩은 프리드리히가 이 새로운 음료와 새로운 삶을 제대로 즐겼다는 사실을 보여주는 증거다.

독신 생활이 몸에 밴 프리드리히가 결혼하게 된 결정적인 이유는 바로, 서늘한 공기를 마시며 저녁 산책을 하고 돌아왔을 때 집에 따뜻하게 불이 지펴져 있었으면 하는 바람 때문이었다. 프리드리히가 죽고 난 직후에 잡지 『블래터 퓨어 디 리테라리셰 운터할퉁』 드레스덴 판에 프리드리히의 삶에 대한 글이 실렸는데, 프리드리히가 어느 황혼녘에 아우구스투스 다리에서 중대한 결정을 내리게 된 과정을 자세하게 전하고 있다. 언제나처럼 엘베강을 따라 한참 동안 저녁 산책을 하던 프리드리히는 자기 방 난로에 미리 불을 지펴주는 이웃집 할머니가 여행을 떠났다는 사실이 떠올랐다. 그로부터 이분 뒤에, 자기가 늘 연필을 사는 가게의 주인을 우연히 만난다. 그런데 다정히 인사를 나누는 동안 가게 주인의 마음씨 좋은 여동생이 떠오른다. 가게 창가에 자주 앉아 있곤 했다. 그 여동생이 자기 집에 살게 된다면 '저녁마다 집에 돌아왔을 때 불이 꺼져 있지 않을 텐데' 하고 프리드리히는 생각한다. 그래서 그 창가의 여동생은 그의 아내가 되고, 아우구스투스 다리에서 연필을 파는 그녀의 오빠는 결혼 증인이 된다. 그리고 무엇보다, 그후 20년 동안 프리드리히가 저녁 산책을 하고 돌아오면 집에 따뜻하게 불이 지펴져 있었다.

노르웨이 화가 요한 크리스티안 클라우젠 달이 이탈리아의 베수비오산에서 드레스덴 안 데어 엘베 33번지에 있는 카스파 다비트 프리드리히의 바로 윗집으로 돌아온다. 강인한 노르웨이 남자와 괴팍한 포메른 남자는 그림 그리는 방식도, 생각하는 방식도 아주 다르지만 서로 무척 좋아하고 상대방의 작업 방식을 존중한다. 가끔 프리드리히가 조용히 계단을 걸어올라와, 창가에서 창밖을 내다보며 그림을 그리는 달 곁에 조용히 서 있는다. 프리드리히는 달이 하늘에 흘러가는 구름을 유화물감으로 바람처럼 재빠르게 포착하는 걸 보며 감탄한다. 달이 아래층으로 내려와 아틀리에에 있는 프리드리히 곁으로 오면, 프리드리히는 옆방에서 의자를 하나 더 가져온다. 달은 우선 어둠에 조금씩 익숙해져야 한다. 프리드리히는 작업할 때 너무 강렬한 햇살이 방해되지 않도록 엘베강 쪽으로 나 있는 창문에 나무 덧창을 덧대었다. 위층에서 달이 햇빛과 하늘을 찬미하는 동안, 프리드리히는 바로 그 아래에서 암실을 만든 것이다. 프리드리히는 외부의 눈을 감고 내면의 눈에 떠오르는 것을 보겠다고 말하곤 했다. 그리고 내면의 눈에 보이는 모습을 그리는 것이다. 달은 프리드리히의 방식이 너무 복잡해 보이고 그런 우회적인 방식이 낯설지만, 특이하고 마음을 울리는 면이 있는 프리드리히가 내면에서 보는 모든 것에 매료된다. 그곳에는 무엇보다 달이 계속 등장한다. 프리드리히가 그리는 풍경화 가운데 절반은 밤이 배경이고, 발트해든, 엘베강이든, 하다못해 작센의 연못이든 물에 달이 비치기 때문이다. 사람들은 죽어서 천국에 가고 싶다고 말하곤 하지만, 프리드리히는 그보다 달에 가고 싶다고 농담하곤 한다.

달은 프리드리히에게 한번쯤 태양을 그릴 생각은 없느냐고 장난스레 묻는다. 하루는 스물네 시간이고, 달은 고작 밤의 지배자일 뿐 아니냐면서. 그러자 프리드리히는 미소 지으며 말한다. 자기도 안다고. 그렇지만 어쩔 수 없다고. 자기는 어둠을 사랑하고, 어둠만이 조금이나마 위안이 된다고. 어스름한 시간은 하루 중에 가장 아름다운 순간이라고, 어둠 속에 따스함을 이미, 또는 아직도 품고 있다고. 하루에 어스름한 시간이 두 번 있다는 것이 얼마나 좋으냐고. 오늘 함께 산책하지 않겠느냐고. 프리드리히는 날마다 해가 작별을 고하고 완전히 날이 저물면 산책하러 나간다. 달이 따라나선다. 두 사람은 계단을 걸어내려가 고요히 흐르는 엘베강을 따라 한참 걷는다. 강가에서 어부와 선원 들이 배를 정박해놓고 작은 모닥불을 피워 몸을 녹이며 생선을 굽고 있다. 그러나 북쪽 출신인 프리드리히와 달은 추위를 느끼지 않는다. 두 사람은 엘베강가에 늘어선 키 큰 포플러나무가 듣기 좋게 솨솨 울게 만드는 강바람을 좋아한다. 어느새 신시가지 너머 보이는 언덕 위로 달이 떠오른다. 가느다란 초승달이 밝고 은은하게 빛난다. 그러자 프리드리히는 아주 경건하고 차분해진다.

   그때 달이 프리드리히를 다시 설득하기 시작한다. 이탈리아에도 밤이면 달이 뜬다고. 남쪽에도 당연히 그늘도 있고 가끔은 시원한 밤도 있다고. 그러나 프리드리히는 손사래를 친다. 프리드리히는 자기가 왜 거기에 가야 하느냐고 맞받아친다. 그러자 달이 베수비오산의 불꽃과 수정처럼 맑은 독특한 빛에 대해 또 얘기하기 시작한다. 그러나 프리드리히는 꿈쩍하지 않는다. 프리드리히를 이탈리아로 꾀어보려고 했던 또다른 친구 룬트에게 프리드리히는 편지로 이렇게 답한 적이 있다. 이탈리아에 가면 다시는 남쪽을 떠나고 싶지 않을 테니 가지 않겠다고. 룬트가 그 말을 믿었는지는 알 수 없다. 그건 당연히 핑계일 뿐이었으니까. 기독교인들이 하는 상투적인 핑계였다. 사실은 그냥 두려웠던 것이다. 이탈리아는 너무 멀고, 더위와 끝없는 땡볕이 무서운 것이다. 프리드리히는 드레스덴의 시원한 방에서 모피 코트를 입고 해가 뜨나 해가 지나 달빛 풍경을 그리는 것을, 그리고 어스름이 깔렸을 때만 문밖으로 나가는 것을 얼마나 사랑하는지 모른다. 그는 자기가 남쪽 햇살을 견디지 못하리라 예감한다. 달콤한 와인을 너무 많이 마셨을 때처럼 말이다. 달은 이탈리아에 가자고 자꾸 설득해봤자 자기 이웃을 괴롭힐 뿐임을 깨닫는다. 다른 수를 써야 했다. 그래서 달은 어느 날 프리드리히와 함께 엘베강을 따라 산책하다가 코트와 실크해트 차림을 한 프리드리히의 모습을 그린다. 물론 프리드리히가 늘 그러듯 뒷모습으로 그렸다. 그러고는 1826년에 그린 〈베수비오의 폭발〉 속 화산 분화구 가장자리에 이 인물 형상을 옮겨놓는다. 그래서 그때부터 이 조그만 프리드리히는 사나운 베수비오산이 수증기를 뭉게뭉게 내뿜으며 활활 타오르는 목구멍을 바라보게 된다. 그림 속의 프리드리히는 불을 피운 벽난로를 바라보듯 뒷짐 지고 서 있다. 달은 프리드리히 옆에 자기 자신도 그려넣었다. 용암을 바라보는 두 남자다. 그리고 달은 다정하게도 프리드리히가 아주 편안하게 느끼도록 이 그림의 배경을 황혼녘으로 그렸다.

1800년 10월, 카스파 다비트 프리드리히는 덴마크에 있는 친구 룬트에게 편지를 쓰면서 하숙집 주인의 두 어여쁜 딸이 아직도 룬트를 그리워한다고 전한다. "룬트 씨가 이곳에 있던 시절은 축복받은 날들이었다면서 두 아가씨가 얼마나 자주 한숨을 쉬는지." 그러고는 전설적인 지옥의 삼인조가 마침 드레스덴에 와 있다는 얘기도 한다. 바로 윌리엄 해밀턴과, 해밀턴 부인 엠마 해밀턴과 넬슨 제독을 두고 하는 말이었다. 이 트로이카는 나폴리를 출발해 유럽을 횡단하여 고국인 영국으로 돌아가는 긴 여정 중에 이곳에 들른 것이다. 해밀턴 경은 이탈리아 남부에 영국 대사로 부임했다가 베수비오와 폼페이의 홍보대사가 되었는데, 처음으로 화산을 과학적으로 이해해보려고 시도한 사람이다. 수전 손택은 해밀턴 경을 『화산의 연인』으로 표현했다. 해밀턴 경은 예순한 살의 나이에 스물여섯 살의 댄서 엠마 라이언과 결혼했는데, 엠마 라이언은 결혼 전에 해밀턴 경의 조카와 사귀었고, 지금은 외팔이이자 애꾸눈인 영국의 전쟁 영웅 넬슨 제독의 애인이기도 했다. 세 사람이 빈을 방문했을 때 작곡가 요제프 하이든은 넬슨 제독을 위해 즉흥적으로 찬가를 작곡해서 피아노로 연주했고, 해밀턴 부인은 속이 훤히 비치는 옷차림으로 피아노 연주에 맞춰 노래를 불렀으며, 그녀의 남편은 불편한 미소를 지으며 맨 앞줄에 앉아 있었다. 드레스덴 궁정은 이들의 비도덕적인 행태를 못마땅히 여겨 해밀턴 부인은 빼고 두 신사만 영접했는데, 이 트리오는 그런 모욕을 아랑곳하지 않고 엘베강을 따라 여행을 계속했다. 세 사람은 프란츠 대공의 뵈를리츠 정원왕국에서 잠시 머물렀는데, 프란츠 대공이 정원왕국에 만든 작은 베수비오산을 보고 감탄했다. 대공은 귀빈들이 방문하자 버튼을 눌러 베수비오산이 불을 내뿜게 했다.

여기 불을 바라보는 두 남자가 있다. 화가 친구 게오르크 케르스팅과 함께 부모님과 조부모님의 고향인 노이브란덴부르크를 여행했을 때, 프리드리히는 어머니가 자란 곳이기도 한 바트슈튀버 거리에 있는 대장간을 친구에게 보여준다. 두 사람은 벌겋게 달아오른 쇠가 제련되는 모습을 함께 지켜본다. 케르스팅은 프리드리히처럼 그림을 공부하러 곧 코펜하겐으로 떠날 몸이었다. 케르스팅은 대장간의 모습을 스케치해뒀다가 몇 년 뒤에 유화로 완성한다. 그리고 1809년에 프리드리히의 조부네 대장간 그림을 코펜하겐 미술 아카데미에 출품한다. 불빛 때문에 가족들의 얼굴이 시뻘겋게 달아올라 있다. 그림이 훌륭했는지 케르스팅은 이 그림으로 메달을 수상한다. 1810년에 다시 노이브란덴부르크를 찾았을 때, 케르스팅은 이 그림을 베힐리 부부에게 선물한다. 베힐리 일가는 그 그림을 100년 넘도록 자랑스럽게 거실에 걸어둔다. 나중에 프리드리히와 함께 드레스덴을 찾은 케르스팅은 프리드리히가 아틀리에에서 작업하는 모습을 그린다. 덕분에 우리는 그 모습을 아주 생생하게 상상할 수 있게 되었다.

프리드리히는 아내 카롤리네에게 편지를 써야 할 때마다 몹시 괴로워한다. 도대체 무슨 얘기를 해야 한단 말인가? 아무 일도 일어나지 않는데 말이다. 아침에 일어나서, 그림 그리고, 저녁에 다시 눕는 게 다다. 그리고 그사이 황혼녘 산책. "저녁에 홀로 걷는 재충전의 시간." 그렇게 하루하루가 흘러간다. 해가 뜨나, 해가 지나. 그러나 아내는 친구 집에 놀러가 있는 사이에 자기가 어떻게 지내는지 소식을 전해주기를 바란다는 걸 프리드리히는 잘 안다. 프리드리히는 첫아이, 그러니까 사랑스러운 엠마에게 푹 빠져서 엠마가 옆에서 칭얼대면 차분히 나무 하나 그리는 것조차 너무 힘이 들었다. 하늘을 그리는 건 더 말할 것도 없었다. 그걸 눈치챈 아내는 1822년 여름에 아이를 데리고 케르스팅의 별장에 가서 몇 주 동안 지낸다. 프리드리히는 감사하는 마음으로 아내에게 이렇게 편지한다. "오로지 고요, 고요, 고요뿐이오." 아내가 없는 사이 있었던 일을 그림으로 묘사하자면 그저 텅 빈 도화지를 보내면 될 테지만 프리드리히는 그러지 않는다. 아내가 토라지리라는 것을 알기 때문이다. 그렇지만 아내가 별 내용도 없이 한없이 길기만 한 편지를 보내고, 그 편지에 시시콜콜 뭐라고 답장해야 할지 몰라 스트레스받는다. 글쓰기는 늪을 헤쳐나가는 것과 같아서 점점 더 깊이 빠져들 뿐이라고 말한 적도 있다. 며칠 동안 프리드리히는 편지를 더 길게 만들기 위해서 이리저리 고치면서 많은 시간을 보낸다. 1822년 7월 10일에 마침내 이야깃거리가 생겼다. 그로서 가르텐*에서 "상당한 면적의 풀밭이 타버렸는데, 햇빛이 아니라 화재 때문이었소. 불을 끄기 위해 슈트렐렌에서 소방대까지 와야 했지". 아, 그리고 창턱에서 비둘기가 알을 품고 있다는 소식도 전한다. 또 무슨 소식을 전해야 할지 고민하는 것이 느껴진다. 그때 이야깃거리가 또하나가 떠오른다. "맥주가 왔고, 세탁부도 왔소." 이것이 1822년 7월 10일자 "드레스덴 최신 뉴스"다.

―

이 여인은 태어난 순간부터 뭔가 수집하기 시작했다. 처음에는 이름을 모았다. 집중하시라, 그녀의 이름은 마틸데 마리 아우구스테 빅토리에 레오폴디네 카롤리네 루이제 프란치스카 요제파다. 그러나 그게 다 무슨 수용인가. 이 기다린 이름 행렬에 자신의 성을 붙여줄 남자가, 그런 십자가를 짊어질 남자가 없다. 아무리 작센의 공주라도 결혼 상대로는 누가 봐도 너무 고리타분하고 괴상하다. 극도로 보수적인 그녀의 아버지가 처음에는 오스트리아헝가리제국의 황태자 루돌프와 결혼시키려고 모든 수를 써봤지만 황태자는 결국 아름다운 벨기에 공주 슈테파니 크로틸데 루이제 헤르미네 마리 샤를로테를 선택했다. 그다음에는 훗날 오스트리아의 왕위 계승자가 되는 프란츠 페르디난트를 남편감으로 정했지만, 그 역시 다른 숙녀를 마음에 두었다. 공교롭게도 드레스덴에서 마틸데의 아버지와 한집에

---

* Großer Garten. '큰 정원'이라는 뜻.

1. 불

사는 시녀 조피 초테크 폰 초트코바였다. 프란츠 페르디난트가 하필 굴러들어온 보헤미아의 백작 영예*를 더 좋아한 것은 마틸데 공주에게는 특히 굴욕스러운 일이었다. 프란츠 페르디난트와 조피의 결혼은 왕가에서 결코 인정받지 못했다. 그렇지만 결과적으로 보면 이 두 오스트리아 황태자가 결혼을 거부한 것이 마틸데에게는 결국 축복이었을지 모른다. 루돌프는 1889년에 권총으로 자살하고, 프란츠 페르디난트는 1914년 6월 28일 사라예보에서 아내 조피와 함께 차 안에서 총에 맞아 죽기 때문이다. 그리고 이 일로 제1차세계대전이 터진다. 빈에 있는 군역사박물관에 가면 오늘날에도 총알 자국과 조피의 피 묻은 손수건까지 그대로 있는 자동차를 관람할 수 있다. 오스트리아인들은 이런 걸 좋아한다.

공개적으로 두 번이나 치욕을 당하고 나서 마틸데 마리 아우구스테 빅토리에 레오폴디네 카롤리네 루이제 프란치스카 요제파는 남은 인생을 규방에 처박혀 지낸다. 그러나 규방의 규모도 그녀의 이름 길이에 걸맞았는데, 바로 필니츠의 궁전과 드레스덴에 있는 타셴베르크팔레 궁전이었다. 하필 키스 한 번 해본 적 없는 그녀가, 강건왕 프리드리히 아우구스트 1세가 자신이 아끼는 정부 코젤 백작 부인을 위해 지은 침실에서 지낸다는 사실을 작센 사람들은 재미있어 했다. 작센 사람들은 신이 장난을 칠 때마다 즐거워했다. 어쨌든 마틸데 공주는 사람들이 자기에게 말을 걸 때마다 얼굴을 붉혔다고 한다. 그리고 수십 년 동안 아홉 개의 언어를 배웠지만 그중 사랑의 언

---

* 당시 왕실의 시녀는 귀족 계급 출신의 여성이었다.

어는 없었다. 대신 19세기에 20세기 옷을 입고 다니면서, 개미와 벌의 성생활을 연구하거나 엘베강의 목가적인 풍경을 그렸는데, 사랑하는 주 예수나 충실한 시종 파울을 빼고는 사람이 없는 풍경을 그리기를 더 좋아했다. 그리고 수집에 대한 열정을 좇아 선조로부터 여러 예술작품을 물려받았는데, 그중에는 카스파 다비트 프리드리히의 그림들도 있었다. 살아생전에는 작센 궁정이 업신여기고 냉대하던 화가였다.

마틸데의 올케, 다시 말해 마틸데의 동생이자 작센의 마지막 왕이었던 프리드리히 아우구스트 3세의 아내도 이름이 거창했는데, 루이제 안토니아 마리아 테레지아 요제파 요한나 레오폴디네 카롤리나 페르디난데 알리세 에르네스티나 폰 외스터라이히토스카나였다. 그녀는 회고록에서 마틸데 공주를 두고 도를 넘는 말을 했다. "모든 여성성이 결여되어 있어" 아주 "특별하다"는 것이다. 그리 상냥한 말은 아니었다. 그런데 더 상냥하지 못한 말을 한 이도 있었다. 작가이자 독일 공산당 서기장을 지낸 루트비히 렌은 마틸데 공주를 두고 더 직설적으로 "뚱뚱하고 못생겼다"고 했다. 그러고 보니 루트비히 렌의 책 제목도 『몰락하는 귀족』이었다. 루트비히 렌의 아버지는 작센 궁정에서 마틸데의 교육을 담당한 사람이었다. 마틸데의 올케 루이제는 회고록에 마틸데의 엄청난 몸무게가 무슨 문제를 일으켰는지를 써서 결정적인 한 방을 날린다. 마틸데의 무게에 주저앉지 않을 만큼 아주 튼튼하고 몸집이 큰 말을 구하느라 아주 오랫동안 애를 먹었다는 것이다. 그런데 루이제가 자기 시누이에 관해 그런 말을 썼을 때는 이미, 시누이의 동생인 자기 남편과 어린 다섯 아이를 버리고 자기 아이들의 가정교사와 함께 임신한 몸으로 몰래 작센 궁정에서 도망친 지 몇 년이 지난 뒤였다.

루이제 폰 토스카나의 회고록 『나의 삶』을 통해 몸집이 크다고 공개적으로 웃음거리가 된 무렵에 불쌍한 마틸데 공주는 또 한번 운명의 시련을 맞이한다. 1911년 1월 14일, 으슬으슬 추운 토요일 밤 열시경에 타셴베르크팔레 궁전 3층에 있는 그녀의 방에서 불이 난다. 월요일에 『드레스드너 노이에스테 나흐리히텐』 신문은 독자들에게 이 소식을 전한다. 작센에서는 여유 있는 집이면 1월 중순까지도 크리스마스트리를 치우지 않는 경우가 많았는데, 마틸데 공주가 시녀들과 함께 크리스마스트리 아래 앉아 〈고요한 밤, 거룩한 밤〉을 부르는 사이 나무에서 양초가 떨어지면서 카펫에 불이 붙었다. 기사 표현에 따르면, 불길은 "순식간에" 커튼과 소파에 옮겨붙었다. 마틸데 공주와 시녀들은 소리를 지르며 방에서 뛰쳐나와 계단실 쪽으로 내달렸다. 시종 파울 데랑크가 즉시 소방서에 전화를 걸었고, 신문에 따르면 이 "파괴적인 원소"에 맞서 싸우기 위해 소방차 두 대가 타셴베르크팔레 궁전으로 출동했다고 한다. 그러나 소방대원들이 궁전의 3층에 다다랐을 때는 시종 파울 데랑크와 마틸데 공주가 재빠르게 정원용 호스를 가져다가 직접 화재 진압을 시작한 뒤였다. 마틸데가 아끼던 시종 파울 데랑크는 이 영웅적인 행위로 작센 왕실로부터 훈장을 받는다. 신속한 대처 덕분에 불길이 다른 방으로 번지는 것을 막을 수 있었다. 왕이 걱정이 되어 현장에 달려왔을 때는 이미 상황이 진정된 뒤였다. 그러나 식당은 남김없이 타버렸고, 크리스마스트리도 마찬가지였으며 "귀중한 유화 약 스무 점이 불길에 희생되었다"고 신문은 전했다.

그중에는 카스파 다비트 프리드리히의 중요한 그림이 적어도 두 점 포함되어 있었다. 1868년 게오르크 폰 작센 공이 사들인 〈산속의 아침〉과 안톤 폰 작센 왕이 소장하고 있던 〈황혼녘의 산악지대〉였는데, 이 두 그림을 마틸데 공주가 물려받은 것이다. 불에 타버린 식당을 몇 년 전에 마틸데 공주가 그린 적이 있는데, 마틸데의 그림 속에 이 두 그림이 걸려 있는 게 보인다. 하나는 산속 아침 그림일 것이고, 다른 하나는 산속 저녁 그림일 것이다. 옆에 또다른 작품들도 보이는데 산맥들이 이어져 있는 프리드리히의 그림과 아주 비슷하다. 그 그림들은 모두 1911년 1월 14일에 크리스마스트리 양초에 불이 붙은 카펫이 활활 타면서 함께 재가 되었다.

그 이듬해 마틸데의 동생 요한 게오르크 공이, 뒷담화하기 좋아하는 올케가 최근에 펴낸 회고록과 화재 사건으로 받은 충격에서 아직 벗어나지 못한 누이를 불쑥 이집트 여행에 데리고 간다. 그리고 1912년 12월 6일 오후, 독특한 열대지방 모자를 쓴 마틸데 공주가 상상을 초월하는 무더위 속에 텔 엘 아마르나 발굴 현장을 방문한 바로 그날, 태고의 모래 속에서 네페르티티 채색 흉상이 발굴된다. 마틸데 어쩌고저쩌고 공주는 비록 자기 신분에 걸맞은 결혼은 못했지만, 독일에서 군주제가 폐지되기 직전에 자기 신분에 걸맞은 발굴을 해낸 것이다. 마틸데 마리 아우구스테 빅토리에 레오폴디네 카롤리네 루이제 프란치스카 요제파 폰 작센은 사막 모래 속에 잠들어 있던 네페르티티 왕비가 3000년 만에 세상 밖으로 나왔을 때 자기 눈으로 직접 본 최초의 여인이다. 어쩌면 네페르티티 흉상을 최초로

본 여인일지도 모른다. 그 흉상은 완성 직전에 조각가 투트모세의 작업장에 묻혀버렸기 때문이다. 마틸데 어쩌고저쩌고 공주는 그 흉상을 보자마자 열광하며 환희에 찬 비명을 지르기 시작했다. 어쩌면 태어나 처음으로 느껴본 환희일지도 모른다. 발굴 책임자 루트비히 보르하르트는 그날 저녁 살짝 짜증이 섞인 말투로 이렇게 일기에 적었다. "발굴 당시 왕실 귀빈들은 바람직한 것보다 더 흥분했다." 그러나 바람직한 것보다 훨씬 적은 기쁨을 느끼며 살았던 그녀에게 한 번쯤 이렇게 흥분되는 일이 일어났다는 건 좋은 일 아닐까?

그라이프스발트에서 남쪽으로, 고인돌이 있는 귀츠코까지 걸어서 네 시간이 걸린다. 비밀스러운 메시지를 속삭여주는 이 태고의 바위 증인을 카스파 다비트 프리드리히는 사랑한다. 1802년 9월 16일, 프리드리히는 그라이프스발트 시절 미술 선생님 크비스토르프와 함께 귀츠코로 도보 여행을 떠난다. 그곳에 도착하자 크비스토르프는 꼭대기 바위 위에 드러누웠다. 크비스토르프가 작은 파이프 담배를 피우자 바람 한 점 없는 하늘 위로 연기가 수직으로 솟아오른다.

그러나 프리드리히는 쉴 생각이 없었다. 펜과 스케치북을 들어 반쯤 땅속에 묻혀 있는 네 개의 받침돌을 하나하나 아주 세밀하고 정교하게 그린 다음 마지막에 웅장한 덮개돌을 그 위에 얹는다. 덮개돌 위에서 파이프 담배를 피우고 있는 스승도 함께 그린다. 1807년에 초기 유화 작품 가운데 하나인 〈눈 속의 고인돌〉을 그릴 때, 카스파 다비트 프리드리히는 게르만 무덤 둘레에 고색창연한 참나무를 그려넣고 겨울의 얼어붙은 숨결로 감싸 저 아득한 게르만 제국 시대를 되살려낸 듯 예언적인 그림으로 완성한다. 프랑스와 전쟁이 한창이었고 예나와 아우어슈테트 전투에서 패배한 참이었다. 프리드리히는 현재의 위기에 꿋꿋이 맞서기 위해 옛 선조들을 불러내고 있었다. 그러나 귀츠코 시장 요한 발타자르 퓌터는 프리드리히가 미처 생각지도 못한 일을 단행한다. 프리드리히가 소환한 과거를 폭파해 공중으로 날려버린 것이다. 퓌터 시장이 직접 다이너마이트에 불을 붙이자, 바위 조각이 50미터 가까이 멀리 날아간다. 신석기시대부터 수천 년 동안 그 자리를 지켜온 무덤은 이제 흔적도 없이 사라졌다. 퓌터 시장은 이곳에 산업단지를 조성하려고 한다. 그로부터 얼마 지나지 않아 퓌터 시장은 신의 노여움을 사서 벼락을 맞은 것처럼 갑작스러운 죽음을 맞이한다.

1920년대와 1930년대 라이프치히에 예술품과 악보를 모으는 전설적인 수집가가 있었는데, 만프레트 고르케라는 이름의 평범한 은행 직원이었다. 그는 먹는 것도 아껴가며 절약한 돈으로 사모은 보물 같은 예술품들을 집안에 고이 간직했다. 요한 제바스티안 바흐의 바이올린 소나타 G장조 작품 번호 1021번 악보 원본도 소장하고 있었는데, 고르케가 이 악보를 발굴해낸 덕분에 1928년에 비로소 이 작품이 초연될 수 있었다. 특히 고르케는 필립 오토 룽게, 카를 구스타프 카루스, 카스파 다비트 프리드리히 등 드레스덴 낭만주의 미술 작품들을 다수 소장하고 있었다. 만프레트 고르케는 슐레지엔 지방에 있는 히르쉬베르크 출신이었는데, 리젠산맥 지역으로 카스파 다비트 프리드리히가 특별히 사랑하던 곳이었다. 그 때문에 고르케는 프리드리히에게 특별히 친밀감을 느꼈다. 1943년 봄, 독일 상공에 폭격기가 날아다닐 때 고르케는 월간지 『디 쿤스트』에 새로 발견한 카스파 다비트 프리드리히의 그림을 소개했다. 1822년에 그린 묘지 그림이었는데, 1943년에 라이프치히의 미술상 C. G. 뵈르너가 이 그림을 카를스루에 미술관에 팔았다. 고르케는 전쟁 초기에 재정난 때문에 카루스와 룽게의 그림을 팔 때도 카스파 다비트 프리드리히의 그림만은 절대 팔지 않았다.

전투기 공습과 더불어 제2차세계대전의 전선이 점점 가까이 다가오자 만프레트 고르케는 프리드리히의 미공개 작품들을 라이프치히 대학교 미술사 연구소에 가져가 사진으로 찍어두기로 결심하고 1943년 12월 3일 오후에 그 그림들을 대학교에 직접 전달한다. 그런데 하필 이튿날인 1943년 12월 4일 새벽 세시 오십분에서 네시 이십오분 사이에 총 400대의 영국 전투기가 라이프치히 시내 전체를 폭격한다. 셀 수 없이 많은 폭탄과 소이탄을 투하하여 도시 전체가 불바다가 된다. 대학 지구는 파괴되고, 미술사 연구소도 화재로 무너져내렸으며, 만프레트 고르케가 안전지대라고 믿고 가져온 카스파 다비트 프리드리히 그림들도 불과 열두 시간 만에 잿더미가 되어버린다. 카스파 다비트 프리드리히의 유화 〈저녁노을에 물든 산비탈의 전나무〉 말고도 전설적인 뤼겐 풍경화 시리즈 37점 가운데 하나인 세피아 풍경화 한 점도 불길에 희생양이 되었다. 게다가 프리드리히가 그린 수많은 발트해 드로잉과 엘베 사암 산맥 드로잉도 불에 타버렸다. "그 그림들은 사진 촬영을 하기 전에 완전히 불타버렸다"고 한 친구의 편지에 짤막하게 전해진다. 한편 1943년 12월 3일 오후까지 프리드리히의 그림들이 걸려 있었던 고르케의 집은 전쟁이 끝날 때까지 멀쩡했다.

―

카스파 다비트 프리드리히는 불에 사로잡혀 있었다. 어딘가 불이 나면 몹시 불안해했다. 아침저녁으로 산책하는 길에 연기 냄새라도 맡을라치면 공포에 떨었다. 카스파 다비트 프리드리히가 형제들에게 보낸 편지를 보면 화재 얘기가 빠지는 법이 거의 없다. 늘 끝인사를 하기 전에 드레스덴이나 근처 마을에서 불이 났다거나, "큰 화재로" 누군가 전 재산을 잃었다는 소식을 전한다. 심지어 1824년 1월 20일에는 고향 그라이프스발트를 위해 화재 경보 시스템을 고안하기까지 한다. 교회 종소리로 "어디가 위험에 처했는지" 알리는 것이었다. 슈타인 성문 쪽이면 종을 세 번 울리고, 플라이셔 성문 쪽이면 종을 네 번 울리는 식이었다. 만약 도시 전체가 불길에 휩싸이면 니콜라이교회 종을 모두 여섯 번 울리되, "중간에 잠깐씩 끊어서" 울려야 했다. 골목마다 불을 피해 달아나는 사람들의 비명소리가 너무 커지면 야경꾼들이 나팔을 불어 위험을 알려야 했다. 그리고 각 종소리가 무엇을 뜻하는지 모든 사람이 알 수 있도록 "집집마다 이 화재 신호를 비치해야" 했다. 소방 안전요원이 된 낭만주의자라니.

　아직 젊은 풋내기였을 때 일에 목마르고 불안하던 시절에, 카스파 다비트 프리드리히는 이따금 드레스덴에서 엘베강을 따라 몇 킬로미터씩이나 상류로 올라가고는 했는데, 한번은 아늑한 마을 로슈비츠에 여름 별장을 빌려 지내면서 저녁마다 작은 나룻배를 타고 강 건너 블라제비츠 식당으로 갔다. 블라제비츠 여관에 딸린 식당이었다. 카스파 다비트 프리드리히는 보리수나무 사이에 있는 정원에서 저물어가는 따사로운 태양 아래 거품이 풍부한 바이에른 맥주를 즐겨 마셨다. 먼 훗날 결혼하고 아이들이 태어난 뒤에도 여름이면 가끔 주말에 가족과 함께 이곳을 찾곤 했다. 그리고 마침내 그림을 한 점 팔아 몇 푼을 손에 쥐었을 때, 블라제비츠 식당에서 아이들은 레몬수를 마시고 프리드리히 자신과 아내 카롤리네는 맥주를 마셨다. 이제 늙고 쇠약하여 시무룩해진 그는 불평꾼이 되어버렸다. 어두컴컴한 방에서 그를 밖으로 끌어낼 수 있는 것은 아무것도 없었다. 게다가 뇌졸중 때문에 왼쪽이 마비된 상태였다. 식구들은 자주 배를 곯았다. 그의 그림을 사려는 사람이 아무도 없기 때문이다. 이제 카스파 다비트 프리드리히의 시대는 끝난 것 같았다. 그런데 1837년 여름, 이제 한창나이인 열여덟 살이 된 엠마가 아버지를 문밖으로 끌어내는 데 성공한다. 화창한 7월 어느 날, 파란 하늘에 눈부시게 빛나는 태양이 한가로이 걸려 있었다. 문 앞에 한 젊은 어부가 배를 준비해놓고 있었는데, 로베르트 크뤼거라고, 엠마가 창밖으로 자주 지켜보던 사내였다. 그가 프리드리히 가족을 엘베강 상류로 태워다 주기로 했다. 물살은 잔잔했고, 노 젓는 손길에는 힘이 넘쳤다.

온 가족이 배에 올랐는데, 프리드리히와 엠마 옆에 프리드리히의 아내 카롤리네도 있었고, 열네 살 아그네스와 열세 살 구스타프 아돌프도 있었다. 배는 블라제비츠를 향해 나아갔다. 가는 길에 엘베강 위에서 엄청난 물살을 일으키며 지나가는 경이로운 신기술을 바라보며 감탄하기도 했다. 최초의 증기선이 이제 막 정규 운항을 시작한 참이었다. 블라제비츠에 도착한 프리드리히 가족은 배에서 내려 쇠약한 아버지를 부축해 단골 식당으로 향한다. 그리고 그곳 비어가르텐에서 프리드리히가 가장 좋아하는 바이에른 맥주를 주문한다. 식사할 돈은 부족했다. 카롤리네가 종업원에게 감사 인사를 건네자 프리드리히가 성난 눈길을 던진다. 질투가 몹시 심해졌다. 어디서나 허깨비를 보고 아무나 아내의 애인이라고 착각한다. 엠마는 얼른 날씨 얘기를 하며 화제를 돌린다.

바로 이 무렵, 정력적이면서 조금 성마른 신사가 블라제비츠 여관에 묵고 있었다. 그는 바로 리하르트 바그너였다. 그도 맥주를 좋아하는 사람이었지만, 요즘 어떤 책과 노트에 푹 빠져 있었다. 옆에서는 그의 아내가 뜨개질하고 있었는데, 남편이 잠시 일을 멈추기를, 아니면 자기에게 쑥스러운 눈길이라도 주기를 바라며 남편 쪽을 자꾸 흘깃거렸다. 그러나 바그너는 아내의 바람대로 해주지 않았다. 그는 에드워드 불워리턴의 소설 『로마의 마지막 호민관 리엔치』에 푹 빠져 있었는데, 고대 로마에 관한 이 소설을 바탕으로 〈리엔치〉라는 제목의 오페라를 작곡하고 있었다. 달리 더 나은 제목이 떠오르지 않았다. 급하게 쾨니히스베르크를 떠나온 바그너와 그의 아내 미나는 이곳 블라제비츠 여관에서 거의 두 달째 묵고 있었다. 바그너는 젊은 배우였던 아내가 애인과 있는 것을 현장에서 목격했는데, 그러자 아내는 울면서 드레스덴에 있는 친정으로 돌아갔다. 바그너는 곧바로 이곳 여관으로 거처를 옮겼는데, 1820년대에 가족과 함께 멋진 유년 시절을 보낸 곳이었다. 곧 아내 미나도 이곳으로 따라와 남편과 얘기 좀 나누기를 이제나저제나 기다리는 참이었다. 여관에서 하는 부부 상담 치료가 될 텐데, 상담 치료사는 없었다. 바그너는 읽고 쓰기만 하며 침묵을 지켰다. 남자들도 이런 식으로 벌줄 수 있다. 바그너는 오페라 〈리엔치〉의 마지막 제5막을 쓰느라 골머리를 앓고 있었다. 바그너에게 처음으로 대성공을 안겨줄 작품이었다. 바그너의 상상 속에서 엄청난 불길이 로마 의사당을 모조리 태워버리고 있다. 바그너는 격렬한 언어로 불의 위력을 그려내고 그에 맞춰 오케스트라가 포효하는 소리를 머릿속에 그린다. 그리고 사랑에 미친 주인공이 이렇게 외치는 장면을 그린다. "나는 불길을 뚫고 길을 찾으리라." 그러고는 열에 들떠 기진맥진한 상태로 마침내 노트에서 눈을 떼고 고개를 든다. 그리고 가슴속에 활활 타오르는 질투심을 뚫고 마침내, 후회하며 뉘우치고 있는 아내 미나에게 돌아가는 길을 찾는다. 두 사람은 화해하여 블라제비츠를 떠난다. 그리고 그로부터 20년 후, 바그너가 오페라 〈니벨룽의 반지〉를 작업하던 때 두 사람의 관계는 완전히 파탄이 난다.

어쩌면 1837년 7월 어느 날, 드레스덴 근교 블라제비츠 여관의 비어가르텐에서 독일의 가장 비범한 두 낭만주의 예술가의 길이 서로 교차했는지도 모른다. 거의 잊혀버린 화가 카스파 다비트 프리드리히와 이제 막 전성기를 맞이하려 하는 작곡가 리하르트 바그너의 길이.

여담으로, 엠마 프리드리히는 이 가족 나들이를 하고 채 2년이 되지 않아 어부이자 해상구조대원 로베르트 크뤼거와 결혼한다.

안 그래도 큰 괴테의 머리를 터무니없이 크게 2미터 높이의 석고 흉상으로 만든 프랑스 조각가 다비드 당제가 1834년에 바이마르에서 마차를 타고 카스파 다비트 프리드리히를 만나러 드레스덴으로 찾아온다. 카스파 다비트 프리드리히도 괴테에 필적하는 위대한 인물이라고 생각했기 때문이다. 프리드리히는 당제에게 이제 막 완성한 세피아 연작 가운데 천상의 분위기를 물씬 풍기는 그림 〈기도하는 천사들〉을 보여준다. 천사들이 하늘에서 환한 빛을 향해 기도를 드리고 있다. 천사들은 구름 위를 날고 있고, 땅은 사라져 보이지 않는다. 프리드리히가 가장 좋아한 천사 유형인 세라핌 천사였다. 프리드리히는 나이가 들면서 세라핌 천사가 떠다니는 그림을 점점 더 자주 그렸다. 세라핌 천사가 묘지 위를 떠다니기도 했다. 세라핌이라는 이름은 '불타다' 또는 '불붙이다'라는 뜻의 히브리어에서 유래하는데, '불사르다'라는 뜻도 있다.

얼음처럼 차가운 1943년 봄, 제2차세계대전의 동부전선은 속수무책으로 서쪽으로 계속 밀려나는 중이다. 스탈린그라드 전투에서 상상할 수 없이 큰 피해를 입고서 총알받이 신세로 소련으로 파병된 독일 병사들은 사실상 마지막 보루였다. 그들은 너무 어리거나 너무 나이가 많았다. 1943년 봄 새벽, 끝없이 이어진 기차를 타고 몰락을 향해 잔혹한 전쟁의 포화 속으로 들어가는 독일 병사들은 포메른 병영에서 보잘것없는 최후의 만찬을 마친 뒤 도덕적-정신적 재무장을 위해 마련된 강연을 들었다. 강연자는 그라이프스발트 대학교 카스파 다비트 프리드리히 연구소에 미술사 교수로 막 발령받은 헤르베르트 폰 아이넴이었다. 그는 카스파 다비트 프리드리히의 그림에 나타나는 고대 게르만족의 힘을 되찾자고, 이 위대한 전쟁에서 그 힘을 수호해야 한다고 외친다. 강연이 끝나고 나서 병사들은 군복 재킷의 가슴 주머니에 들어갈 만한 크기의 소책자를 받는다. 제목은 〈카스파 다비트 프리드리히와 그의 고향〉이었다. 그 책자에는 프리드리히가 그린 바다와 참나무가 있는 북구풍 작품들의 흑백 사본들이 담겨 있었다. 진흙탕에 꽁꽁 얼어붙은 참호 속에서, 고향은 너무 멀고 삶은 무의미해져 그 소책자를 꺼내볼 때마다 병사들은 이 화가가 "크고 건장한 체격"에, "금발이고, 강인하고 투쟁적인 성격"이었다고 적힌 글을 읽는다. 평생 "독일에 대한 흔들림 없는 신성한 믿음"이 그를 지탱해주었다고. 어쩌면 이것이 많은 독일 병사들이 러시아 포위전에서 포화에 갈갈이 찢기기 전에 읽은 마지막 말이었는지 모른다. 안타깝게도 왼쪽 가슴 주머니에 들어 있던 얄팍한 책자는 총알과 수류탄으로부터 그들의 심장을 지켜주지 못했다.

⌒

1945년 5월 1일 오전 열시 반, 베를린의 박물관섬을 점령한 소련군 제266사단은 2월 3일 폭격으로 이미 심각한 피해를 입은 박물관들을 탈취한다. 그러나 예술품들은 모두 그전에 동물원 대공포탑과 프리드리히스하인 대공포탑으로 옮겨졌는데, 그 가운데에는 카스파 다비트 프리드리히의 주요 그림 세 점 〈눈 속의 수도원 묘지〉〈오로라〉〈안갯속의 산장〉도 있었다. 세 그림 모두 제1차세계대전 당시 국립 미술관이 기증받은 것이었는데, 제2차세계대전이 끝날 무렵 불에 타 소실된 것으로 알려져 있다. 다만 불에 탄 장소는 여전히 밝혀지지 않았다.

그 그림들은 일단 전쟁 막바지에 동물원 대공포탑으로 안전하게 옮겨진 것 같다. 그곳에는 프리아모스의 황금 보물도 온전한 상태로 보관되어 있었는데, 나중에 전리품 신세가 되어 소련으로 옮겨진다. 1945년 봄 전쟁의 혼란 속에서 많은 예술품이 동물원 대공포탑에서 프리드리히스하인 대공포탑으로 옮겨졌다는 믿을 만한 보고들이 있다.

공식적으로 프리드리히의 그림 세 점은 프리드리히스하인 대공포탑에서 다른 그림 434점과 함께 불타버렸다고 알려져 있다. 그 가운데에는 카라바조의 중요한 작품 세 점, 루벤스의 그림 열 점, 반

1. 불

다이크의 그림 여섯 점, 아돌프 폰 멘첼의 〈상수시 궁전에서의 플루트 연주회〉도 있었다. 1945년 5월 5일부터 5월 18일 사이에 그 벙커는 끊임없는 화재로 인해 "프리드리히스하인 용광로"로 변했다. 소련 군정의 공식 보고서에 따르면 불을 지른 것은 전 SS 대원들이었다. 그 그림들이 소련군의 손에 들어가는 것을 막기 위해서였다. 5월 6일에 벙커 2층이 전소되고, 5월 15일에 탑 전체가 불에 타버리면서 그 자리에는 0.5미터 두께의 잿더미만 남았다. 그 사이로 돌가루가 되어버린 조각상, 녹아내린 청동상, 산산조각이 난 유리 조각들이 있었다. 한 달 뒤 소련 군정은 이렇게 발표했다. "밝혀진 바에 따르면, 폭격 전에 프리드리히스하인 대공포탑에 안전하게 옮겨놓은 귀중한 예술품들을 SS가 베를린 전투중에 파괴했다. (……) 어느 날 밤 L 탑 문에서 갑자기 짙은 연기가 새어나왔다. SS 대원 무리가 몰래 탑에 침입해 불을 지른 것이다. 이튿날 오전 히틀러 일당은 탑에 또다시 횃불을 던졌고, 이로 인해 남아 있던 예술품마저 모두 희생되었다."

이 보고서가 사실인지는 확인할 길이 없다. 소련 전리품위원회가 이미 오래전에 그 그림들을 옮겼을 수도 있다. 아니면 베를린으로부터 북쪽으로 80킬로미터 떨어진 앙거뮌데에 있는 황폐한 창고에 임시로 보관해놓았을 수도 있다. 프렌츨라우어슈트라세 41번지에 소련군의 대형 군용 창고가 있었다. 목격자 증언에 따르면 그곳에서 재봉틀 옆에 수백 점의 그림이 보관되어 있는 것을 보았다고 한다. 소련군 장교들이 소련으로 돌아가기 전에 그림을 액자에서 떼어내 돌돌 말아서 가져갔다는 것이다. 특히 마리아 막달레나와 목욕하는 수산나 그림들이 인기였다. 그런데 1946년 혹독한 겨울에 앙거뮌데의 창고가 불타버리면서 그 안에 남아 있던 것들도 모두 함께 소실되었다. 따라서 프리드리히의 주요 그림 세 점이 1945년 5월 첫 주에 동물원 대공포탑에서 도난당했다고 믿을지, 아니면 이미 1944년에 레닌 수도원으로 옮겨졌다가 소련군에게 약탈당했다고 믿을지, 아니면 1945년 5월 6일에서 5월 15일 사이에 프리드리히스하인 대공포탑에서 불에 타버렸다고 믿을지, 그것도 아니면 1946년 12월에 앙거뮌데 창고에서 불타버렸다고 믿을지는 그저 선택하기 나름이다. 그 그림들은 이제 명성과 연기만 남기고 사라져버렸다.

종말의 분위기. 1834년에 에드워드 불워리턴의 소설 『폼페이 최후의 날』이 출간된다. 이 영국 작가는 뜬금없이 화산 폭발과 잿더미 속에 몰락하는 베수비오산 기슭의 도시를 주제로 삼았다. 이 작품은 출간 즉시 독일어로 번역되어 같은 해에 슈투트가르트에 있는 메츨러 출판사에서 출간되고 1835년에는 작센주 츠비카우에 있는 슈만 출판사에서 다시 출간된다.

한편, 이제 그림 그리는 시간보다 책을 읽는 시간이 더 많은 카스파 다비트 프리드리히는 1835년에 뜬금없이 어머니와 아버지와 사랑하는 누이들의 도시인 노이브란덴부르크가 불타오르는 그림을 그린다. 아마도 프리드리히가 마지막으로 그리는 유화 작품이 될 터였다. 프리드리히는 그라이프스발트에서 노이브란덴부르크를 향해 갈 때마다 수백 번은 보았을 도시 전경을 그림에 담는다. 장엄한 저녁 하늘 아래 성 마리아 교회에서 불길이 치솟고 있다. 조상의 도시가 불타는 것이다. 1840년에 프리드리히가 죽었을 때 유품 경매에서 이 그림이 맨 처음으로 낙찰된다. 당시 그림의 제목은 〈일몰과 대화재 속의 노이브란덴부르크 풍경〉이었다. 이 그림을 보면 혼란스럽다. 프리드리히는 노이브란덴부르크를 몹시 사랑했기 때문이다. 게다가 프리드리히 살아생전에 이 도시에 화재가 난 적은 한 번도 없었다.

1945년 4월 28일 저녁, 붉은 군대가 아직 전쟁의 피해를 입지 않은 노이브란덴부르크에 당도한다. 소련군은 집들을 약탈하고 주민들을 겁탈하고 살해하며 이튿날에는 수많은 방화를 저지른다. 4월 30일로 넘어가는 밤에 구시가지의 80퍼센트 이상이 파괴된다. 불길이 온 도시를 휩쓸고, 수많은 사람들이 지하실에서 질식사한다. 카스파 다비트 프리드리히의 후손이 사는 집에서는 그의 수많은 그림이 불에 타고 만다. 프리드리히의 친구 케르스팅이 그린 베힐리 일가의 〈대장간〉도 마찬가지다. 그 그림을 특별히 메클렌부르크 보험회사 건물에 보관해놓았는데 방화 약탈을 일삼는 소련군이 던진 횃불에 건물 기초벽까지 몽땅 타버린다. 그리고 4월 30일 해 질 무렵, 대전차포가 성 마리아 교회 탑을 강타한다. 성 마리아 교회는 프리드리히가 100년 전 즈음에 그렸던 모습 그대로 불타오르기 시작한다.

카스파 다비트 프리드리히는 죽음을 앞두고 동생에게 쓴 편지에서, 자기가 그림에 묘사한 것들이 자기 자신에게조차 "어떤 면에서는 미스터리"라고 밝힌다. 지금 "무덤과 미래의 비밀을 묘사하는" 대형 그림을 작업중이라고 쓴다. 어쩌면 그에게는 이미 무덤을 연상시키는 노이브란덴부르크의 미래를 그리는 중이었는지도 모른다.

1840년 5월 7일 저녁 카스파 다비트 프리드리히가 세상을 떠나고 그 이튿날에 유산 집행인이 와서 남은 재산의 목록을 작성한다. 유산 집행인은 이젤을 발견하고, 프리드리히가 입던 닳고 해진 모피 코트를 발견하고, 스케치북들과 마지막 그림 몇 점을 발견한다. 돛이 세 개 달린 작은 목재 범선 모형도 발견한다. 생애 마지막 14년 동안 너무 쇠약하고 의기소침해져서 사랑하는 발트해를 다시 찾지 못했던 프리드리히의 그리움 가득한 눈길에 돛은 여전히 부풀어 있었다. 그러나 프리드리히의 서재에 있는 책상과 책장들은 텅 비어 있었다. 죽기 직전에 프리드리히가 책들과 이제까지 받은 편지들을 모조리 난로에 던져 태워버렸던 것이다.

2.
물

오, 그는 이 순간을 얼마나 사랑하는지. 저녁의 고요함이 물 위에 내려앉기 전, 수평선 너머로 해가 슬로모션처럼 아주아주 천천히 바닷속으로 가라앉으면서 구름 뒤로 햇살이 다시 한번 잠깐 비추는 이 순간을. 1801년 여름, 카스파 다비트 프리드리히는 뤼겐해변에 있는 바위에 앉아 있다. 하루는 끝나가지만, 새로운 세기가 시작된다. 아주 오래 걸어서 발이 벌겋게 부어올랐고 끔찍하게 아팠다. 머리 위로 잎사귀들이 쏴쏴거리고 발아래로 마른 나뭇잎들이 바스락거리는 높다란 너도밤나무 숲을 걸었는데, 등뒤로 바람이 불고 들판 위로 비가 부슬부슬 내렸다. 걷는 동안 아무도 마주치지 않았다. 얼마나 멋진가. 다만 딱 한 번 뮌휘구트에서 그물을 손질하는 어부 두 사람을 보았을 뿐이다. 그게 다였다. 프리드리히는 바닷가에서 잠시 쉬면서 물병에 든 물을 마시며 광활한 바다를 바라본다. 그럴 수만 있다면 평생 이렇게 살고 싶다. 그는 어쩔 수 없는 낭만주의자다. 프리드리히는 연필과 스케치북을 꺼내들고 옆에 있는 바위와, 눈앞에 있는 바다와, 머리 위의 하늘을 그린다. '온통 고요함뿐이군' 하고 프리드리히는 생각한다. 파도마저 잠잠하고 빌어먹을 갈매기들조차 울지 않는다. 프리드리히는 스케치북에 그려진 회색빛 가느다란 선들을 바라보다가 꿈을 꾸기 시작한다. 연노란색과 진청색이 눈앞에 떠오른다. '이 색을 칠해야 해, 바로 이 색을' 하고 그는 생각하지만 아직은 엄두가 나지 않아서 연필로, 가끔은 흑갈색 세피아로 그저 드로잉만 한다. 그러나 이곳 바닷가에서, 그리움을 그리려면 색이 필요하다는 것을 깨닫는다.

―

프리드리히는 늘 물가에 살았다. 어린 시절, 그라이프스발트에서 랑에 거리를 따라 달려서, 대성당을 지나, 작은 어촌 집 앞에 억척스레 돌 틈을 뚫고 접시꽃이 나란히 피어 있는 좁은 돌길을 따라 항구로 내려가고는 했다. 그러고는 바닷가에서 물 위에 떠 있는 배들을 몇 시간이나 바라보았다. 부두에 부서지는 파도처럼 들어오고 나가고, 떠나가고 도착하며, 끊임없이 오고 가는 배들을 바라보다보면, 그 끝없는 반복이 마음을 평온하게 해준다. 엄마가 돌아가신 뒤로는 조금이나마 마음에 위안이 되기도 했다. 슬픔에 잠식될 때면, 자연의 영원한 리듬에 몸을 맡기는 순간만은 시간을 잊을 수 있었다. 그러다가 대성당 종소리가 울리면 퍼뜩 정신을 차리고 서둘러 집으로 돌아간다. 그러면 엄한 아버지가 나무라는 눈초리로 문을 열어준다.

아버지는 아들이 왜 그렇게 물가에 끌리는지 이해하지 못한다. 아버지의 눈에는 아들이 제대로 된 직업을 가지기에는 글러먹은 빨간 머리 괴짜로 보일 뿐이다. 주말마다 어린 카스파 다비트 프리드리히는 도시를 관통하는 뤼크강이 구불구불 흘러 발트해와 만나는 비크까지, 수 킬로미터나 되는 거리를 걸어가서는 발이 모래에 닿기가 무섭게 배들을 스케치하기 시작한다. 이곳 배들은 조금 더 컸다. 프리드리히는 그렇게 그라이프스발트에서 20년 동안 자기 안에 침잠해 지내고 난 뒤 미술 공부를 하러 코펜하겐으로 간다. 발트해를 건너기는 처음이었다. 아버지는 이제 체념하여 곱슬머리의 괴짜 아들이 정말로 화가가 되고 싶어한다는 사실을 받아들인다. 카스파 다비트 프리드리히는 코펜하겐에서도 눈앞에 늘 돛과 흔들리는 돛대가 보이고 바다가 손에 닿을 듯 가까이 있는 부둣가에서 산다. 덴마크 유학 시절에 프리드리히는 걸핏하면 배낭을 둘러메고 화구를 챙겨, 사랑하는 북유럽 해안을 스케치하러 가곤 했다. 1798년에 드레스덴으로 이사했을 때 처음에 엘베강에서 멀리 떨어진 곳에서 살면서도 견딜 수 있었던 것은, 아주 자주 고향 그라이프스발트를, 그리고 사랑하는 뤼겐섬을, 틈만 나면 스케치하러 돌아다니던 그 섬을 찾아갔기 때문이다. 그러나 드레스덴에서도, 처음에 요새 참호 근처에 있는 작은 여인숙에서 지내다가 자기 집을 갖게 되었을 때 물에서 최대한 가까운 집을 구한다. 주소도 그에 걸맞게 "안 데어 엘베*"였는데, 구시가지 바로 앞, 강이 내려다보이는 집이었다. 괴테에게 보낸 편

---

* '엘베강가'라는 뜻. 현재는 테라센우퍼로 지명이 바뀌었다.

지를 통해 알 수 있듯 1804년부터 1810년까지는 안 데어 엘베 27번지에 살았던 것 같고, 그후에는 그 집보다 작은 바로 옆집 26번지에서 10년을 살았으며, 결혼하고 얼마 지나 그로부터 50미터 떨어진 "안 데어 엘베 33번지"의 신축 주택으로 이사해서 죽을 때까지 그곳에 살았다. 그가 죽고 나서도 자식들이 오랫동안 그 집에 살았다. 창문 바로 앞에는 작은 부두가 있었고, 프리드리히는 아틀리에 창문으로 어부들이 배를 정박하는 모습이며 높이 솟은 돛대들을 볼 수 있었다. 물론 창밖을 내다봤을 때의 이야기다. 주로 자기 내면만 들여다보았기 때문이다.

첫아이 엠마가 태어나자마자, 카스파 다비트 프리드리히는 아이를 충분히 자주 목욕시키지 못할까봐 걱정한다. 조용히 작업에 집중하기 위해 아이와 아내를 시골로 보낼 때면 프리드리히는 아내에게 단단히 이른다. "날마다 목욕하는 일을 소홀히 하지 않기를 바라오." 엄격한 카스파 다비트 프리드리히는 이 말도 잊지 않는다. "물론 식사 후에 바로 목욕하면 안 되오." 아내 카롤리네가 이 구절을 읽을 때 어떤 표정이었을지 상상이 갈 것이다. 다음 편지에서는 딸의 청결 상태를 신경쓴다. "엠마를 부지런히 목욕시켜요." 일찍부터 이렇게 물에 익숙해지도록 한 것이 효과가 있었던 듯하다. 카롤리네는 남편에게 딸의 안부를 전하면서 편지에 이렇게 쓴다. "엠마는 물 만난 물고기처럼 편안해해요." 그러니 엠마가 1838년에 해상구조대원과 결혼하게 되는 것도 당연하다.

―

　나치는 카스파 다비트 프리드리히가 북유럽 바다 출신이라는 사실을 그 누구보다 중요하게 여긴다. 나치는 카스파 다비트 프리드리히를 미래로 항해하는 혹독한 오디세이의 뱃머리에 앞장서 있는 자로, 바람의 시험을 통과한 강인한 게르만인으로 내세우려고 한다. 카스파 다비트 프리드리히 서거 100주년이 되는 1940년에 미술사학자 쿠르트 카를 에버라인이 이 당혹스러운 일을 주도한다. 그는 모든 수를 동원해 카스파 다비트 프리드리히를 게르만 영웅으로 만들려고 한다. 그는 공개적으로 이렇게 묻는다. "독일 민족이 과연 그를 충분히 사랑하고 있는가?" 그가 내린 답은 이렇다. "아니다, 아직 부족하다." 1939년 9월, 독일군이 폴란드를 침공했을 때 에버라인은 프리드리히를 미화하는 책을 완성하고 부제를 '민중을 위한 독일 예술 이야기'라고 짓는다. 서문에서 이미 이 책에서 펼쳐질 여정이 어디로 향하는지 분명하게 드러난다. "국가사회주의를 통해 비로소 여러 질문이 제기되고 명확한 답변이 제시되었기에" 이제야 마침내 프리드리히에 관해 본질적이고 새로운 것을 말할 수 있게 되었다는 것이다. 그리고 프리드리히의 파란 눈은 물론, 프리드리히가 고대의 고인돌을 사랑하고 드레스덴에서 살면서도 북독일 방언인 포메른 저지 독일어를 고수한 사실이 바로 그의 게르만 정신을 보여주는 증거라고 주장한다. 사실 이성적인 에버라인이 광적인 도취 상태에 빠진 듯 유럽 미술을 "혈통과 대지"에 따라 분류하여 해안 미술, 평원 미술, 산악 미술로 나눈 것을 읽다보면 숨이 막히고 때로는 터무니없게 느껴진다. 북유럽 "인종"에게 "해안 미술"이야말로 "왕도"이며 프리드리히가 바로 그 왕이라는 식이다. 그러면 프리드리히가 그린 하르츠산 그림과, 묘지 그림과, 리젠산맥 풍경화, 다시 말해서 그의 평원 미술과 산악 미술은 어떻게 되는가? 그러나 에버라인에게는 그게 아무 문제가 되지 않는다. "그곳이 어디든 북유럽처럼 보인다. 모든 풍경화는 화가의 인종적 자화상이다." 이런 식이다. 그렇다면 프리드리히의 그림 위에 떠 있는 것은 무엇일까? 맞다. 바로 "인종 구름"이다.

에버라인은 자신의 책에서뿐만 아니라, 그의 주도로 1940년 5월 7일 그라이프스발트에서 열린 카스파 다비트 프리드리히 서거 100주년 기념행사에서도 자기가 생각하는 "인종적 자화상"을 구현한다. 에버라인의 표현대로 "프리드리히식 독일인"을 창조하는 것이다. "카스파 다비트 프리드리히 연구소"로 개칭된 그라이프스발트 대학교 미술사 연구소의 기록 보관소에서 관련 문헌을 찾아보면 당시 행사의 세부 내용을 확인할 수 있는데, 읽다보면 조금 소름이 끼친다. 에버라인은 가장 먼저 "독일 예술과 북유럽 정신의 수호자인 총통에게 경의를 표하는 전보"를 작성한다. 그리고 행사 참석자들이 총통에게 "변함없는 충성"을 맹세했음을 전한다. 에버라인이 끊임없이 북유럽 정신을 찬양한 점에는 기이한 데가 있다. 정작 본인은 독일 남부 바덴주의 라슈타트 출신이고, 기념행사에 초대받은 그의 친척 가운데 절반이 저멀리 바덴바덴에서 그라이프스발트까지 먼길을 와야 했다는 사실을 봐도 그렇다. 그러나 에버라인은 자기가 바덴 출신이라는 사실을 전혀 개의치 않을 뿐만 아니라 자기가 내세우는 게르만적인 "인종 자화상"에 은근슬쩍 그리스적인 요소를 집어넣는다. 그는 기념행사에서 그리스식 의상을 입은 여성이 프리드리히 흉상에 황금 월계관을 씌우게 하라고 지시한다. 전쟁 초기라 그라이프스발트에서 그런 의상을 구하기가 쉽지 않다고 연구소장 쿠르트 빌헬름캐스트너가 에버라인에게 유감을 표하며 전하자, 에버라인은 격노하면서 깃펜을 집어들더니 독일식 침대보를 오 분 안에 그리스 토가로 탈바꿈시킬 방법을 그려 보인다. 그러나 그 침대보를 입힐 여성을 찾는 것도 문제였다. 에버라인의 비전에 부합하는 여성을 찾기가 힘들었다. 북유럽 정신을 지닌 에버라인은 프리드리히식 독일인에 대해 아주 정확한 표상을 가지고 있었던 것이다. 결국 캐스트너는 에버라인에게 스물두 살짜리 여배우 게르힐트 베버의 사진을 내놓으면서 다른 이는 없으니 이 여성으로 만족하라고 간청한다. 게르힐트 베버는 "체구가 건장"하기는 하지만, "당신이 바라는 대로 풋풋하고 젊은 여성이자 어머니상까지 구현할 수 있는 연기력을 지닌 유일한 여성"이라면서. 에버라인이 순순히 받아들이도록 캐스트너는 이렇게 덧붙인다. "이 여성은 함부르크 태생으로, 천성과 외모 면에서 당신이 말하는 해안-북유럽-게르만 유형에 해당하는 여성입니다." 이렇게 해서 북유럽 해안 출신 여성이, 그라이프스발트에서 만든 침대보 의상을 입고서, 아리안 신분증을 지닌 채, 카스파 다비트 프리드리히 흉상에 황금 월계관을 씌운다. 월계관을 쓴 프리드리히 흉상 위로 거대한 나치 십자가가 휘황찬란하게 걸려 있다. 그러자 쿠르트 카를 에버라인은 축하 연설을 하면서, 1940년 5월 7일에 카스파 다비트 프리드리히와 더불어 서구 문명에서는 예수 다음으로 두번째 부활의 날을 축하할 수 있게 되었다고 행사 참석자들에게 알린다. "그는 죽지 않았습니다. 그는 지금도 우리의 기억 속에 남아 있으며, 우리 곁에 살아 있습니다. 저 고독한 영웅은 오늘 위대한 불사의 존재가 되었습니다."

에버라인의 말에 게르힐트 베버는 해안-북유럽-게르만 사람답게 고개를 끄덕인다. 성공적으로 월계관 헌화를 마치고 총통에게 전보를 부친 뒤, 에버라인은 이 해안 여인과 함께 그라이프스발트 항구에서 저녁식사를 하고는 이튿날, 새로 명명된 카스파 다비트 프리드리히 연구소에 식사비 5마르크의 비용을 청구한다.

1944년에 게르힐트 베버는 국민계몽선전부에서 작성한 "신의 은총을 받은" 인물 명단에 오른다. 같은 해 쿠르트 카를 에버라인은 동부전선에서 실종 군인 명단에 오른다.

1971년에 게르힐트 베버는 바트 제게베르크에서 열린 카를 마이 축제에서 〈위니투〉* 공연에 참가하여, 미국 서부를 헤매다 돌아온 해안-북유럽-게르만 유형의 이주 독일 여성을 연기한다.

　　　　　　　　　　◠

한편, 아넬리제 프리드리히는 자기가 카스파 다비트 프리드리히

---

* 카를 마이의 작품 제목이자 주인공의 이름.

의 유일한 증손녀임에도 1940년 5월 7일에 그라이프스발트에서 열린 카스파 다비트 프리드리히 서거 100주년 기념행사에 초대받지 못한 것에 죽고 싶을 만큼 모욕감을 느낀다. 그녀는 다혈질의 바이올리니스트인데, 하노버 제나토어바우어슈트라세 39번지에 있는 커다란 집에서 어머니 엘리자베트와 함께 살고 있다. 그러나 그녀의 모친은 추밀고문관 하랄트 프리드리히 교수 부인으로 불리기를 더 좋아한다. 카스파 다비트 프리드리히의 유일한 아들 구스타프 아돌프의 아들인 하랄트 프리드리히의 직업은 상당히 이례적이었는데, 1933년에 죽기까지 하노버 공과대학교에서 "기계공학엔지니어 및 전기기술자를 위한 누드 드로잉 교수"를 지냈다(세상에 별 게 다 있다!). 점잔 빼는 바이올리니스트 아넬리제는 아버지가 누드화를 가르쳤다는 사실은 늘 숨기고 그저 대학교수였다고만 말했다. 그녀는 부모님보다 오래 살아 1977년에야 세상을 떠났는데 자식이 없었기에 그녀가 죽으면서 카스파 다비트 프리드리히의 유전자도 니더작센의 평온한 이메강변에 있는 무덤 속으로 영영 사라졌다. 그리고 불과 1년 뒤 하노버에서 젊은 변호사 게르하르트 슈뢰더*가 독일사회주의민주당의 청년 당원 대표로 선출된다.

카스파 다비트 프리드리히가 아주 재밌고 쾌활해질 수 있는 사람

---

* 독일의 제7대 연방총리.

이라는 사실이 종종 잊히고는 한다. 그가 쓴 편지에서 장난기 넘치는 유머가 번뜩이곤 하며, 그의 친구들도 프리드리히와 나누었던 유쾌한 농담에 대해 전해준다. 우울한 기질은 그가 지닌 풍부한 영혼의 일부에 지나지 않는다는 사실도. 1815년 무렵 젊은 화가 루이제 자이들러에게 보낸 편지들을 보면 가장 쾌활하고 시적이다. 너무 쾌활해서 카스파 다비트 프리드리히가 사랑에 빠진 게 아닐까 하는 느낌마저 든다. 프리드리히는 이 특별한 기분에 취해 1815년 여름에 다녀온 뤼겐 여행을 멋진 묘사로 전해준다. 사실은 루이제 자이들러가 드레스덴에 있는 프리드리히에게 달콤한 초콜릿을 보내줘서 쓴 감사 편지였다. 프리드리히는 "당신이 보내준 초콜릿 한 조각을 방금 입에 집어넣었습니다"라고 전하더니 그래서인지 지난여름 바닷가에서 보낸 이야기를 아주 감미롭게 들려준다. "당신이 아주 좋게 기억하는 그 북금곰은 석 달 내내 발트해 연안을 이리저리 돌아다니며 초록빛 바다에 뛰어들곤 했습니다. 그리고 바다표범들이 파도를 헤치고 젖은 얼굴을 쳐들었다가 다시 깊은 바닷속으로 돌아가는 것을 지켜보았습니다. 저는 아주 다양한 종류의 바다 생물들이 어떻게 살아가는지, 수천 년 전에는 어떻게 살았으며 어떻게 화석이 되었는지 보았습니다. 갈매기들이 거친 파도 위를 맴돌며 구슬피 우는 소리를 들었고, 먹이를 찾아 바다 깊숙이 뛰어드는 것도 보았습니다. 그리고 인간의 지혜로 만들어진 가장 멋진 것을 보았습니다. 바로 부풀어오른 돛을 달고 나아가는 범선입니다."

카스파 다비트 프리드리히는 믿을 수 없을 정도로 아이 같은 천진무구함을 보여주기도 했다. 드레스덴에 사는 동료 화가 게르하르트 폰 퀴겔겐 가족이 라데베르크 근교의 시골 마을 로츠도르프로 함께 소풍을 가자고 초대할 때면, 프리드리히는 아주 기꺼이 아이들과 놀아주곤 했다. 그러면 어른들과 힘들게 스몰토크를 안 해도 되기 때문이다. 어느 멋진 여름 오후, 프리드리히는 퀴겔겐의 자녀들과 드레스덴 친구들과 함께 그로세 뢰더로 소풍을 간다. 로츠도르프 마을을 구불구불 흘러가는 작은 시내였는데 물살이 빨랐다. 프리드리히는 시내 한가운데 있는 작은 모래톱에 높이 탑을 쌓았다. 아이들이 계속 돌을 날라왔고, 그는 바지를 무릎까지 접어올린 채 물속에 서서 휘파람을 불며 돌산을 점점 더 높이 쌓았다. 어느새 돌산이 프리드리히의 키만큼 높아지자 아이들이 환호했다. 그러자 프리드리히가 만든 건축물을 구경하려고 부모들이 모두 물가로 내려왔다. 조금 무서운 친척으로 알려진 "검은 숙모"조차도 무슨 재미있는 일이 있나 싶어 몸을 움직이더니 갑자기 "즐거움에 겨워 치마를 높이 걷어올리고서 할미새처럼 물속을 이리저리 돌아다녔다". 물가에 있던 다른 여인들이 숙모에게 조심하라고 소리쳤지만, 검은 숙모는 바닥에 있는 돌들이 흔들려 위태롭게 뒤뚱뒤뚱하면서 물속으로 점점 더 깊이 들어갔다. 바로 그때 프리드리히가 달려와 검은 숙모를 낚아채더니 자기가 만든 돌산 위에 앉힌다. 나중에 웃으면서 말하기를 안전을 위해서였다고 했다. 그러나 검은 숙모는 크게 소리 지르면서 돌산에서 미끄러져 내려오더니 그만 물속으로 나자빠지고는 욕을 퍼부어댔다. 검은 치마가 흠뻑 젖어서 물이 뚝뚝 떨어지는 숙모를 다른 여인들이 물속에서 끌어내더니 한탄하며 자리를 뜬다. 여인들이 모퉁이를 돌아 사라지자마자 프리드리히와 아이들이 웃음을 터뜨린다.

　

1816년에 카스파 다비트 프리드리히는, 어린 시절 그라이프스발트 항구에서 자주 그렸던 범선들과 1년 전에 그린 스케치들을 결합해 그가 그린 저녁 그림 가운데 가장 아름다운 그림으로 손꼽히는 〈항구 풍경〉을 완성한다. 프리드리히는 슈트랄준트에서, 그리고 특히 그라이프스발트에서 몇 시간 동안이나 커다란 범선들을 돛 하나하나, 밧줄 하나하나 꼼꼼히 그리곤 했다. 그 무렵 프리드리히는 루이제 자이들러에게 바로 그 취한 듯 흥이 넘치는 편지를 보냈는데, 편지에서 바람에 부풀어오른 돛에 관해 들려준다. 그리고 지금 드레스덴의 아틀리에에서, 예전에 그린 범선들을 조합하여 수백 개의 돛대가 황금빛으로 빛나는 발트해 하늘을 향해 뻗어나가는 그림을 완성한 것이다. 처음에 사람들은 이 그림의 배경이 프리드리히의 고향 그라이프스발트일 거라고 생각했다가 나중에는 슈트랄준트일지도 모른다고 생각했다. 그러다가 어느 순간 모두 깨달았다. 이 항구들은 프리드리히의 상상 속에만 존재하는 곳이라는 사실을. 그 상상은 끊임없는 기억의 흐름을 자양분 삼아 만들어졌다.

프리드리히가 이 몽환적인 항구 그림을 물감이 채 마르기가 무섭게 커다란 궤짝에 담아 베를린 아카데미 전시회에 보냈을 때, 다름 아닌 프로이센 왕이 이 그림을 산다. 멜랑콜리한 아들에게 선물하기 위해서였다. 프리드리히 빌헬름 왕자는 〈바닷가의 수도사〉와 〈참나무 숲속의 수도원〉을 샀을 때부터 동경이 가득한 프리드리히의 그림에 홀딱 반했다. 프리드리히 빌헬름 왕자는 이 항구 그림을 침실에 걸어둔다. 그리고 결혼 후 1826년부터는 왕자 부부가 머물던 베를린 궁전의 식당에 걸리게 된다. 왕자 부부는 단 한 번도 음식을 기다릴 필요가 없었다. 탁자 아래 있는 작은 스위치를 눌러 하인들을 부르기만 하면 되었다. 그러나 왕관을 넘겨받는 일은 그렇게 간단하지 않았다. 왕위를 계승하기까지 왕세자는 아주 오래 기다려야 했다. 1840년에 아버지가 죽고 나서야 비로소, 마흔다섯의 나이에 이미 머리가 꽤 많이 빠진 상태에서 왕이라 불릴 수 있게 된다. 아니 그보다는 어쩔 수 없이 왕이라 불릴 수밖에 없었다고 하는 게 맞을지 모르겠다. 프리드리히 애호가이자 몽상가였던 프리드리히 빌헬름은 까다로운 궁정 업무와 반항적인 민주주의자들을 상대하는 일은 물론이거니와, 더더군다나 군사 전략을 짜기에는 지나치게 섬세한 사람이었기 때문이다. 프리드리히 빌헬름은 전투 계획을 짜고 재정 서류를 들여다보기보다는 온종일 그림을 보는 것을 더 좋아했다. 엘리자베트 왕자비도 프리드리히 빌헬름 왕자와 마찬가지로 예술에 조예가 깊고 권력정치에 관심이 없었는데, 둘 사이에 자식이 없었기에 두 사람이 죽고 나서 그들의 재산은 독일 땅 여기저기에 있는 크고 작은 프로이센 궁으로 흩어졌다. 그러다가 〈항구 풍경〉은 독일에서 물이 가장 적은 지역인 뤼네부르거하이데 저지대에 있는 괴르데 사냥 별장에 이르게 된다. 그 이유는 아무도 모른다. 이 사냥 별장은 제1차세계대전이 끝나고 공무원 요양원으로 바뀌었는데, 1926년 미술에 조예가 깊은 한 박물관 공무원이 니더작센에 있는 이 공무원 요양원에 요양하러 왔다가 황폐한 손님방에서 프리드리히의 항구 그림을 발견한다. 본래 하노버 선제후의 사냥 별장이었던 이곳은 어느 순간 프로이센 소유로 넘어갔고, 황제 빌헬름 1세가 그 별장을 개조했다. 황제 빌헬름 2세는 이곳에서 1913년까지 멧돼지를 사냥했는데 숲이 우거진 니더작센 지방에서 지내면서 베를린 궁전에서 가져온 그림들에 둘러싸여 있는 것을 기분좋게 여겼으리라. 그런데 황제 빌헬름 2세가 퇴위당하고 네덜란드로 추방되어 장작이나 패는 동안, 아직 미숙한 민주제에 지친 독일 공무원들이 이제 요양원이 되어버린 이곳에서 카스파 다비트 프리드리히의 그림과 더불어 휴식을 취하는 것이다. 재발견된 프리드리히의 그림은 축제 분위기 속에 베를린으로 돌아오지만, 이 그림의 백 년에 걸친 항구 순항이 목적지에 이르기까지는 아직 한참 멀었다.

독일 박물관 공무원들은 1939년 8월이 요양할 때가 아니라 전쟁을 준비할 때라는 사실을 미리 알았나보다. 박물관 공무원들은 관료 절차에 필요한 방대한 양의 서류 작업을 제때 마쳐서 〈항구 풍경〉을 비롯한 프리드리히의 또다른 그림들을 1939년 8월 27일에, 그러니까 전쟁이 일어나기 나흘 전에 호엔촐레른 소유지에서 바벨스베르크궁으로 옮겼다. 그곳 관리자가 서명한 인수증에 그 날짜가 적혀 있었다. 1945년 3월, 전선이 점점 가까워지자 〈항구 풍경〉은 더 멀리 아이히스펠더 케셀에 있는 베른터로데의 칼륨 광산으로 또 길을 떠난다. 그곳은 가장 특별한 프로이센 수장고였다. 그곳에는 프리드리히의 그림들 말고도 프로이센 왕 빌헬름 1세와 프리드리히 2세의 관과 외무부 서류들과 프로이센 왕실 보물들도 숨겨져 있었기 때문이다. 관, 그림, 서류, 왕실 보물은 모두 살아남았지만, 안타깝게도 프로이센 자체는 1945년에 종말을 맞이한다. 고향으로 돌아온 〈항구 풍경〉은 마치 아무 일도 없었던 듯 포츠담에 있는 샤를로텐호프 궁전의 한적한 구석에서 안식을 취한다.

1996년 12월 6일에서 7일로 넘어가는 밤, 달은 짙은 구름 뒤에 숨어 있고 얼어붙을 만큼 추웠다. 이날 새벽 두시쯤 도둑 두 명이 앞서 말한 포츠담 상수시공원 남쪽 끝에 위치한 샤를로텐호프 궁전에 침입한다. 도둑들은 장도리를 이용해 성 외벽 창문을 뜯어내고 들어왔다. 두 사람은 어둠 속에서 손을 더듬어가며 몇 미터쯤 이동한 다음, 금속 안전장치가 되어 있는 카스파 다비트 프리드리히의 〈항구 풍경〉을 떼어낸다. 경보기 소리가 밤과 공원을 가르며 요란하게 울려퍼졌다. 그러나 경찰차가 현장에 도착했을 때는 이미 두 도둑은 사라진 뒤였다. 이튿날 소집된 "항구" 특별 수사반의 발표에 따르면 그랬다. 사실 도둑들은 침대 시트로 감싼 가로 71센티미터 세로 91센티미터 크기의 그 귀중한 약탈물을 가지고서 고작 오분 거리에 있었다. 도둑들은 아스팔트로 포장된 헤켈 거리로 꺾어, 특이하게도 "베스트*"라는 이름이 붙은 동독 시절의 조립식 주택단지로 들어갔다. 가는 내내 그림에 달려 있는 금속 줄이 달그락거렸다. 두 사람은 차고로 가서 칠이 벗겨지고 찌그러진 갈색 알루미늄 문을 들어올리고는 훔친 물건을 그 안에 쌓아놓았다. 이튿날, 두 도둑 중에 직업이 목수인 사내가 프리드리히의 그림을 넣어둘 멋진 나무 상자를 만든다. 그 그림은 구매자가 나타날 때까지 분명 편안했으리라. 실직한 소목수 펠릭스와 그의 동창이었던 만년 대학생 제바스티안은 지난 몇 년 동안 포츠담에 있는 여러 빌라에서 훔쳐 온 그림, 벽난로 시계, 도자기 인형 뒤에 그 나무 상자를 숨겨놓는다. 훨씬 더 비싸게 팔아넘길 날이 오기를 바라면서. 두 사람은 심지어 포츠담에 있는 국방부 산하 군역사연구소에서도 물건을 몇 개 훔쳤다. 그 차고에는 얼마 전 바이마르에 있는 엘레판트 호텔에서 훔쳐온 괴테 흉상도 있었다(신기하게도 프리드리히와 괴테가 이렇게 자꾸 엮인다).

1998년 3월 4일 오후, 두 도둑이 포츠담 번호판이 달린 낡은 빨간색 푸조 306 자동차에 탄 채로 차고 앞에서 기다리는데, 작센안할트주 잘츠베델 번호판을 단 회색 벤츠 280 E 자동차가 다가왔다. 두 사람은 목표 달성이 바로 눈앞에 있다고 생각한다. 벤츠에 타고 있는 사람은 브로커였는데, 마침내 고객을 찾은 게 틀림없었다.

그 브로커는 전 동독 국가보안부 중앙2국 소속 육군 소령이었던 인물로, 악명 높은 골동품 밀매상이자 비밀경찰이었던 알렉산더 샬크골로트코프스키 조직의 일원이었다. 그는 자신의 훌륭한 인맥을

---

* 서쪽을 뜻한다.

자랑했다. 그중 한 사람이 그 그림이 프리드리히 진품이 맞는지 확인해줄 증거를 원한다면서, 폴라로이드 사진을 찍어 보여주기로 약속했다고, 그러면 거래가 성사될 거라고 말한다. 펠릭스와 제바스티안의 목표가 정말 바로 눈앞에 보였다. 그러나 저 뒤 모퉁이에 포츠담 경찰들이 타고 있는 자동차 아홉 대가 대기하고 있는 것은 보지 못한다. 보통 때 같으면 속도 감지기가 숨겨져 있을 짙은 색 포드 몬데오 자동차 안에는 지금 "항구" 특별 수사반 반장 귄터 메베스가 앉아 벤츠 운전자의 재킷에 숨겨진 마이크를 통해 무슨 얘기가 오가는지 엿듣고 있었다. 처음에는 작은 목소리와 충전 드릴 소리만 들릴 뿐, 지금 나무 상자에서 꺼내고 있는 물건이 프리드리히 진품이 맞는지 알 길이 없었다. 곧 뒤따라 윙윙거리는 이상한 소음이 들리자 무슨 소리인지 바로 알아챘다. 구닥다리 폴라로이드카메라가 사진을 뱉어내는 소리였다. 찌그러진 갈색 차고 문 안쪽에 뭔가 찍을 만한 물건이 있는 게 틀림없었다. 뒤이어 벤츠 운전자가 차고에서 나오더니 단춧구멍에 숨겨진 마이크에 대고 속삭였다. "맞습니다, 진짜 카스파입니다." 그 말에 귄터 메베스는 바로 체포 명령을 내렸고, 경찰차 아홉 대가 사이렌을 울리며 모퉁이를 돌아나오더니 차고를 에워쌌다. 두 도둑은 깜짝 놀라 몸이 꼿꼿이 굳은 채 무장한 경찰들을 바라보았다. 두 도둑은 구치소에 수감되지만 전 국가보안부 소령인 벤츠 운전자는 기분좋게 풀려난다. 그도 처음에는 밀매단의 일원이었지만 프리드리히의 〈항구 풍경〉을 사겠다는 구매자를 찾지 못하자 경찰 쪽으로 넘어온 것이었다.

프리드리히의 〈항구 풍경〉을 조금이나마 가까이 느끼고 싶은 사람은, 언제든지 포츠담에 있는 조립식 주택단지 "베스트"에서 차고를 빌릴 수 있다. 특이한 점은 월 임대료(100유로)가 아니라 원래 "차량 보관용"이라고 명시되어 있다는 사실이다. 더는 그 누구도 어리석은 생각을 하지 못하도록 말이다.

1818년에 그라이프스발트에 있는 두 형제가 드레스덴에 있는 새신랑 카스파 다비트 프리드리히에게 청어를 두 번 보낸다. 처음에 카스파 다비트는 아내가 진짜 바다 출신 여자인 양 청어를 "맛있게 먹는다"고 자랑스럽게 전한다. 진짜 바다 출신 여자가 다 된 카롤리네도 생선을 그렇게 많이 보내줘서 너무나 감사하다며 그라이프스발트로 편지를 띄운다. 그러나 여름이 되자 카롤리네는 질려버린다. 그리고 두 형제는 앞으로는 차라리 거위를 보내달라는 부탁이 담긴 편지를 받는다.

1930년대에 난데없이 티메 베커 미술가 사전에 새로운 독일 낭만주의 화가가 등재된다. 그 이름은 바로 막스 폰 슈페크였다. 그의 생몰 연대는 아무도 몰랐으며, 그때까지 알려진 작품도 단 하나뿐이었다. 바로 저녁 항구 풍경이 담긴 〈저녁 항구의 배들〉이라는 제목의 그림이었는데, 1933년에 뒤셀도르프의 화랑 주인 한스 바만이 이 그림을 매물로 내놓으면서 드레스덴에 있는 미술관들에 보낸 편지에는 "C. D. 프리드리히의 영향을 강하게 받은" 그림이라고 적혀 있었다. 고요하고 평화로운 저녁 분위기를 자아내는 멋진 보랏빛이 특징인 그림이었는데, 그림 속에 있는 배에 "막스 폰 슈페크"라는 이름이 적혀 있었다. 드레스덴 미술관 관장 한스 포세는 그 즉시 화랑 주인 한스 바만에게 "슈페크의 바다 작품"을 구매하겠다고 답장했고 800라이히스마르크라는 저렴한 금액을 지불한다. 한스 포세는 그 슈페크 그림이 프리드리히 그림일지도 모른다고 짐작만 한 게 아니라 아예 확신했던 게 아닐까? 어쨌든 미술관 구매 목록에는 막시밀리안 폰 슈페크의 작품으로 기록되었고, 그 덕분에 막시밀리안 폰 슈페크는 사전에 화가로 등재된다. 그러나 1940년에 이미 그 그림은 드레스덴 미술관에서 카스파 다비트 프리드리히의 작품으로 전시된다. 이 작품은 프리드리히가 라이프치히에 사는 막시밀리안 슈페크 폰 슈테른부르크의 의뢰를 받아 그린 그림으로, 고객에게 경의를 표하기 위해서 뱃머리에 그의 이름을 새긴 것이다. 결정적인 증거로 카스파 다비트 프리드리히의 스케치북에서 비슷한 밑그림들이 수없이 많이 발견되었다. 그것만으로 이미 서명으로 충분했다. 카스파 다비트 프리드리히는 순진하게도 사람들이 자기 이름을 영원히 기억하리라 믿었기에 그림에 굳이 서명하지 않은 것이다.

노스페라투는 도착하는 항구마다 전염병을 퍼뜨린다. 그래서 영화의 부제도 〈공포의 교향곡〉이다. 그렇다, 노스페라투는 의심할 여지 없이 그때까지 만들어진 영화 캐릭터 가운데 가장 공포스러운 캐릭터다. 아직 20년대가 황금기로 무르익기 한참 전인 1921년에, 프리드리히 빌헬름 무르나우는 영화 장면을 어둡고 낯선 비더마이어 시대 속으로 옮겨온다. 더 정확히 말하자면, 카스파 다비트 프리드리히의 그림 세계로 옮겨온다. 아래에서 촬영한 모습으로 뱀파이어가 갑자기 배 위에 불쑥 등장할 때면, 그의 오른편에 프리드리히의 그림 〈범선 위에서〉처럼 돛이 하늘 높이 우뚝 솟아 있고 밧줄이 팽팽하게 부풀어 있다. 카르파티아산맥은 늘 어스름 속에 등장하며, 프리드리히의 리젠산맥 풍경화처럼 황량한 나무들이 함께 등장한다. 영화 속에서 엘렌이 창가에 서 있을 때면, 무르나우는 프리드리히의 그림 〈창가의 여인〉과 똑같이 보이도록 신경쓴다. 그림 속 여인은 사실 프리드리히의 아내 카롤리네이며 그 그림은 베를린 미술관에 걸려 있다. 엘렌이 바닷가에 앉아 있을 때면, 왼쪽 언덕에 우뚝 솟아 있는 십자가 무덤이 불쑥 화면에 나타난다. 이번에도 카메라가 아래에서 촬영한 모습이다. 무르나우 감독은 프리드리히의 그림 〈발트해의 십자가〉에서처럼 로우 앵글을 사랑한다. 무르나우에게 엘렌은, 프리드리히가 그림 속 여성 인물들에게 어두운 그림자처럼 드리운 멜랑콜리의 화신이 된다. 무르나우의 영화에서 엘렌은 바닷가 수도사의 사생아 딸이다. 엘렌이 물가로 걸어가는 동안 화면에 다음과 같이 자막이 뜬다. "엘렌은 바닷가의 고독한 모래 언덕에서 자주 목격되었다. 그녀의 눈동자는 뭔가 찾는 듯 파도 너머 먼 곳을 향해 있었다."『포시셰 차이퉁』신문의 평론가는 최초의 카스파 다비트 프리드리히 영화를 본 것 같다면서, 영화 〈노스페라투〉는 사실상 "모티프 박물관"이라고 비꼬았다.

여담으로, 〈노스페라투〉가 개봉하자 소설 『드라큘라』를 지은 작가 브램 스토커의 미망인은 영화 속 노스페라투를 보면서 당연히 드라큘라 백작이 떠올랐기에 무르나우를 고소한다. 그러나 카스파 다비트 프리드리히의 미망인 카롤리네의 자손들은 무르나우를 고소하지 않는다.

카스파 다비트 프리드리히는 숨죽이고 괴테의 『젊은 베르테르의 고뇌』를 읽었다. "젊은 베르테르의 고뇌"는 곧 젊은 카스파 다비트 프리드리히의 고뇌이기도 하다. 두 사람은 기쁨도 함께 나눈다. 프리드리히는 베르테르가 자연의 압도적인 아름다움 앞에 말문이 막혔을 때, 처음으로 타인에게 깊이 이해받는 느낌이 들었다. 베르테르는 이렇게 말한다. "나는 지금 그림을 그릴 줄 모르고, 선 하나조차 그을 수 없지만 이 순간보다 더 위대한 화가였던 적은 없다." 프리드리히도 자연현상에 완전히 매료되었을 때 이와 비슷한 느낌을 받았다. 자기는 그림을 그릴 줄은 알지만, 아직 채색은 엄두가 나지 않는다. 그렇다, 말도 안 되는 소리지만, 독일의 위대한 낭만주의 화가인 프리드리히는 서른세 살이 되어서야 비로소 유화를 본격적으로 그리기 시작한다(1798년에 그린 유화가 두세 점 있지만 아직 많이 형편없다. 프리드리히는 사려 깊게도 거의 10년이나 더 기다린다). 1794년부터 1807년까지는 줄기차게 스케치만 한다. 자기가 본 배, 전나무 가지, 바위까지 모두. 그리고 세피아로 채색하는데, 프리드리히는 오징어 먹물에서 뽑은 부드러운 연갈색 잉크를 이용해 꽤 넓은 면적을 칠할 줄 알았다. 그리고 햇빛과 하늘의 미세한 변화를 표현해냈는데, 이 기법에서만은 대가 수준에 이르렀다. 프리드리히는 하이킹을 떠날 때면 잊고 싶지 않은 것을 갑자기 봤을 때 아주 빨리 그릴 수 있도록 작은 세피아 잉크병을 셔츠 앞주머니에 넣어 가곤 한다. 한번은 부모님의 도시이자, 조부모님, 누이 도로테아와 형제 요한의 도시인 노이브란덴부르크 근교 톨렌제호수 둘레를 걷다가 한 오두막 앞에 어부 부부가 앉아 있는 모습을 보고는 두 사람을 스케치한다. 그리고 나서 호숫가에서 수도사의 행렬도 보게 된다. 어쩌면 내면의 눈에만 보인 것뿐일지도 모른다. 어쨌든 프리드리히는 그 수도사들도 스케치한다. 그러고는 1805년 8월 25일에 모든 용기를 끌어모아(프리드리히는 편지에 "뻔뻔할 정도로 대담하게"라고 쓴다) 바이마르에 있는 매우 존경받고 세계적으로 유명한 추밀고문관 요한 볼프강 폰 괴테에게 두 그림을 보낸다. 괴테는 역시나 유명한 미술 공모전을 주관했는데, 매년 젊은 예술가들을 공모전에 초대해 괴테가 생각하는 고대 그리스의 이상을 부흥시켜줄 그림을 그리게 했다. 그러나 프리드리히가 보낸 두 그림은 사실 공모전 주제에서 완전히 벗어났다는 점을 짚고 넘어가야겠다. 1805년 바이마르 미술 대회 주제는 헤라클레스의 삶이었기 때문이다. 의심할 여지 없이 헤라클레스의 삶은 아주 변화무쌍했으나, 호메로스가 전하는 이야기에 따르면 포메른 호숫가의 침울한 어부 부부도 수도사 행렬도 등장하지 않는다.

그런데 아주 놀랍게도, 괴테가 프리드리히의 "예술적 기교, 깔끔함, 성실한 처리"(이 얼마나 끔찍하게 진부한 기준인가!)를 칭찬하면서 심지어 1등상을 수여하는 일이 벌어진다. 사실은 절반의 1등이었는데, 1등이 두 명이었기 때문이다. 프리드리히는 어떤 아주 형편없는 역사화가와 상금을 나눠야 했다. 그래도 그 역사화가는 프리드리히와는 달리 공모상 주제를 충실히 따랐다. 이 일화는 괴테가 프리드리히를 어떻게 생각하는지 보여주는 상징 그 이상의 의미를 지닌다. 처음부터 뜨뜻미지근했던 것이다.

그래도 상관없다. 프리드리히는 괴테에게 기사 서임식을 받은 뒤로 드레스덴에서 절반의 스타가 되는데, 이 별난 대기만성형 인간에게는 그마저도 대단한 일이었다. 그리고 괴테는 완고한 작센 사람과 고집 센 포메른 사람에게 그리스 정신을 함양시키는 일은 헤라클레스 과제만큼이나 너무 힘든 일이라는 사실을 깨닫고 1805년을 끝으로 바이마르 미술 대회를 폐지한다.

그러나 프리드리히는 괴테를 보고 의형제를 찾았다고 믿는다. 프리드리히는 존경의 마음을 가득 담아, 절반의 상을 받은 것에 대해 감사 편지를 쓴다. 그리고 "추밀고문관 괴테 님께서 내가 그린 그림을 소장하고 있다는 사실을 기억하기 위해서"라면서 괴테에게 온갖 어부 그림과 수도사 그림을 선물로 보낸다.

그렇게 해서 몇 년 동안 드레스덴과 바이마르 사이에 활발하게 우편이 오간다. 카스파 다비트 프리드리히는 괴테나 작센-바이마르 대공이 좋아하기를 바라는 마음으로 새로운 드로잉과 그림을 튀링겐으로 계속 보낸다. 1808년에 프리드리히는 매년 열리는 바이마르 미술 전시회에 세피아 그림 세 점을 보내는데, 그중에는 드레스덴 집 오른쪽 창문에서 바라본 풍경 그림이 들어 있었다. 『예나이셰 알게마이네 리테라투어 차이퉁』 신문은 "우리 예술가가 야외 풍경과, 거의 눈에 띄지 않을 정도로 투명한 유리창을 통해 바라본 풍경 사이의 차이점을 착각을 일으킬 정도로 사실적으로 묘사할 줄 아는 경지에 이른 것"을 축하한다. 그러나 아무도 이 매혹적인 창문 그림을 사려 하지 않아서 이 그림은 드레스덴으로 돌아온다.

프리드리히는 그래도 기필코 괴테한테 사랑받고 싶어서 그 이전에도 그 이후로도 단 한 번도 한 적이 없는 일을 하게 된다. 괴테의 시를 모티프로 그림을 그린 것이다. 화가 카롤리네 발두아가 프리드리히의 아틀리에에서 이 그림을 보고 나오자마자 바이마르에 있는 시성 괴테에게 이 사실을 알린다. "풍경화가 프리드리히가 「목동의 비가」를 그림으로 그렸어요. 그 그림을 본 사람 모두 환호했어요. 프리드리히는 당신을 너무 사랑해서, 단 한 번이라도 좋으니 당신의 얼굴을 직접 보기를 애타게 바라고 있답니다." 괴테는 그런 열렬한 숭배에 늘 마음이 혹한다. 그래서 1810년 여름에 문제의 그림, 그러니까 괴테의 유명한 시 「목동의 비가」 5연을 그림으로 표현한 〈무지개가 뜬 풍경〉은 물론 프리드리히의 다른 그림 네 점도 바이마르 궁정에서 사들이도록 주선한다. 보아하니 왕자의 전 가정교사를 통한 것 같다.

그러나 프리드리히는 정말 눈치 없게도 테플리체에서 휴양중인 괴테를 성가시게 군다. 바이마르에 있지도 않은 괴테에게 편지를 보내 그림이 바이마르에 도착하면 어떻게 캔버스를 닦고 바니시를 칠해야 하는지 알려주는 아주 세세하고 복잡한 지시 사항을 전한다. 시성 괴테는 투덜거리면서 그 지시 사항을 요한 하인리히 마이어에게 전달한다. 예술 분야에서 괴테의 오른팔 역할을 하는 사람이었다. 프리드리히가 괴테에게 조금씩 성가신 존재가 되어가는 것이 느껴진다. 괴테는 짜증을 내며 프리드리히의 편지를 바로 휴지통에 던져버렸다. 평소에는 뭐든지 잘 보관하는 성격이었는데 말이다.

그렇기에 바이마르에 도착한 프리드리히의 그림들은 처음부터 사랑받지 못한다. 편협하지만 언변이 탁월한 요한 하인리히 마이어는 상세한 청소 지시 사항이 적힌 그 편지를 받고 나서, 아직 그림들을 전혀 보지도 못한 괴테에게 그림이 "구도가 약하며", 프리드리히는 "빛과 그림자를 제대로 이용할 줄" 모른다고 답장한다. 브라보. 괴테는 그 그림들을 곧바로 성으로 옮기며 기뻐한다. 목동이 있는 무지개 풍경화와, 프리드리히가 심지어 자기 자신을 그려넣은 또 다른 무지개 풍경화였는데, 지팡이에 몸을 기대고 서 있는 꺽다리가 바로 프리드리히 자신이었다. 프리드리히가 인물을 뒷모습으로 그리지 않을 때면 늘 그렇듯이 기다란 팔다리에 비해 머리가 작아도 너무 작았다.

그 두 무지개는 100년 넘게 계속 뻗어나갔는데, 처음에는 대공 부부의 성에 다른 소장품과 함께 걸려 있었다. 그러나 1918년에 군주제가 폐지되면서 그 그림은 매각된다. 1919년에 민주 통치를 이어받은 "인민대표회의"에 의해 매각된 것으로 알려져 있지만, 대공 일가가 직접 매각했을 가능성이 더 높다. 어쨌든 〈무지개가 뜬 산악 풍경〉은 1920년대 황금기에 베를린의 카시러 화랑으로 흘러든다. 그리고 이 화랑은 에센에 사는 유대인 예술품 수집가 게오르크 히르쉬란트에게 이 그림을 팔았고, 1939년에 히르쉬란트가 이 그림을 에센의 폴크방 미술관에 강제로 넘겨주게 된다. 이 그림은 지금도 그곳에서 바이마르를 향한 프리드리히의 짝사랑 이야기를 들려주고 있다. 그럼 「목동의 비가」 위로 펼쳐진 두번째 무지개, 오늘날 산이 없는 〈무지개가 뜬 풍경〉으로 불리는 그림은 어떻게 되었을까? 그 무지개도 지금은 바이마르에 없다. 그 무지개는 1945년 전후 혼란 속에 유실되었고, 어쩌면 지금 저 먼 이국땅 러시아에서, 예술을 사랑하는 붉은 군대 장교의 후손 집 거실에 떠 있을지 모른다.

1810년에 프리드리히는 그가 그린 그림 가운데 가장 대담하다고 할 만한 그림을 그린다. 바로 〈바닷가의 수도사〉다. 그는 여러 달에 걸쳐 이 그림과 씨름한다. 아틀리에에서 이 그림을 본 사람들이 그림에 대해 묘사한 것을 보면 계속 달라지는데, 처음에는 배경이 밤이었다가 나중에 낮이 된다. 처음에는 그림 속 바다 위에 배가 여러 척 떠 있었는데 나중에는 그 위에 덧칠을 해 모두 지워버린다. 이 거대한 그림은 여러 달 동안 이젤에 걸린 채 주를 거듭할수록 점점 급진적으로 변해간 듯하다. 결국 마지막에 남은 것은 수도사와 수도사의 주위를 맴도는 갈매기 열아홉 마리였다. 모래사장이 조금 보이고, 물이 많이 보이고, 모든 것을 집어삼켜버릴 듯 끝없는 하늘이 펼쳐져 있다.

1810년 9월 18일에 괴테는 사방에서 압박받아, 특히 괴테를 숭배하는 두 화가 카롤리네 바르두아와 루이제 자이들러의 압박에 못 이겨, 테플리체 휴양에서 돌아오는 길에 카스파 다비트 프리드리히의 아틀리에를 실제로 방문한다. 여기서 다시 한번, 역사적으로 결정적인 순간을 놓치지 않는 괴테의 탁월한 감각이 드러난다. 괴테가 안 데어 엘베 27번지에 있는 프리드리히의 집 계단을 오르는 순간, 그곳에서는 작센, 독일, 유럽 회화의 비약적 발전이 일어나고 있었기 때문이다. 그러나 생명력 넘치고 교육적인 예술을 동경하는 괴테는 프리드리히의 초라한 아틀리에에 걸려 있는 그림의 진가를 알아보지 못한다. 그날 저녁 괴테는 일기에 이렇게 적는다. "프리드리히를 찾아감. 경이로운 풍경화들. 안개 낀 교회 묘지와 탁 트인 바다." 그런데 괴테가 "경이롭다"라고 말할 때는 안타깝게도 칭찬이 아니다. 오히려 "기이하다"거나 "기묘하다"는 뜻이다. 괴테에게 프리드리히는 점점 더 낯설어지고 있었던 것이다. 괴테는 프리드리히의 그림이 풍기는 멜랑콜리가 미치도록 거슬린다. 어쩌면 자신의 위태로운 영혼이 이 우울한 분위기에 물들지 않도록 거의 필사적으로 거부하는 것이기도 했다.

괴테 일기에 등장하는 "안개 낀 교회 묘지"는 〈참나무 숲속의 수도원〉이고, "탁 트인 바다"는 〈바닷가의 수도사〉를 말한다. 그러니까 괴테는 〈바닷가의 수도사〉 그림에서 "개방성"을 느낀 것이다. 그런데 괴테는 이 개방성을, 현재 속에 길 잃은 상태를 나타내는 가장 대담하고 현대적인 표현으로 보지 않고 단지 위험으로만 인식했다.

1975년에 미국의 미술사학자 로버트 로젠블럼은 〈바닷가의 수도사〉 그림을 자신의 대표 저서 『현대 회화와 북구 낭만주의 전통』의 표지로 삼고 '프리드리히에서 로스코까지'라는 부제를 단다. 1810년 여름에 탄생한 이 그림은 곧 추상 회화의 시작이었다.

〈바닷가의 수도사〉는 절망에 빠진 한 남자의 그림이다. 음울한 하늘이 어둑한 물가에 선 고독한 수도사의 어깨를 무자비하게 내리누른다. 수도사는 칠흑 같은 바닷가 작은 모래 언덕 위에 절망적인 모습으로 서 있다. 이 그림은 믿음의 역설을 형상화하고 있다. 바로 가망 없는 희망을 붙들고 있는 것이다. 프리드리히가 이 그림을 그린 때는 잇달아 누이와 아버지를 잃은 직후였다. 프리드리히의 아틀리에를 방문한 사람들의 말을 통해 알 수 있듯이, 이 그림은 달이 갈수록 점점 더 어둡고 극단적으로 변해갔다. 신에 대한 회의, 인간의 무의미함, 자연의 원초적인 힘 앞에서 느끼는 절망이 이보다 더 가차 없이 묘사된 적은 없다. 이것은 뤼겐해변에서 자신이 해체되던 경험의 기억이다. 바로 낭만주의가 탄생하는 빅뱅의 순간이었다.

1810년 베를린 아카데미 전시회에 이 그림을 보내보라고 프리드리히에게 권유한 사람은 바로 신학자 프리드리히 슐라이어마허다. 슐라이어마허는 이 현대적인 수도사에 매료되었다. 이 수도사는 물론 자화상이다. 그는 유혹자이자 유혹당한 자다. 신은 그를 유혹하고는 홀로 내팽개쳐버렸다. 그리고 이제 수도사는 그 끝없는 나락의 소용돌이 속으로 함께 떨어지도록 우리를 유혹한다.

나락을 특히 좋아하는 사람이라면 이 그림과 연관 있는 〈참나무 숲속의 수도원〉을 찾아보라. 바로 바닷가에서 삶의 의미를 고민하던 수도사의 장례식 모습을 볼 수 있다. 그러나 다행히도 1810년에는 그 누구도 그런 나락까지는 생각하지 않는다.

프리드리히는 이 그림을 끊임없이 고치느라 베를린 미술 전시회가 시작된 뒤에야 그림을 보내게 된다. 물감이 채 마르지도 않아서 그림 가까이 다가가면 물감 냄새를 맡을 수 있을 정도였다. 그러나 전시회를 찾은 사람들은 그 그림에 가까이 다가가려 하지 않았다. 사람들은 그 그림을 보고 혼란스러워하고 당혹스러워한다. 심지어 조롱하기까지 한다. 모두 이 그림에서 뭔가 완전히 새로운 종류의 것을 본다는 확실한 징후였다. 아힘 폰 아르님과 클레멘스 브렌타노는 하인리히 폰 클라이스트가 새롭게 창간한 신문 『베를리너 아벤트블래터』에 재미있는 대화를 써보낸다. 두 사람이 그림 앞에서 이야기를 나누면서 숭고함과 감동에 대해 조롱하는 이야기다. 사람들은 그 이야기를 재미있어한다. 그 이야기를 마음에 들어하지 않는 사람이 딱 한 사람 있었는데 바로 신문 발행인 클라이스트였다. 클라이스트는 분노하여 직접 펜을 집어들었다. 그 글은 클라이스트가 쓴 글 가운데 가장 위대한 글로 손꼽히는데, 프리드리히의 그림처럼 아주 순수하고 솔직하기 때문이다. 클라이스트가 쓴 「프리드리히의 바다 풍경 앞에서 느끼는 감정」에서 딱 한 문장이 거듭 인용된다. 바로 "마치 눈꺼풀이 잘려나간 것 같은 느낌이다"라는 문장이다. 그러나 이 글은 전문을 읽어야 한다. 읽으면 기분이 나빠지기는 하지만 말이다. 클라이스트는 바닷가에서 절망에 빠져 있는 수도사에 대해 이렇게 쓴다. "광활한 죽음의 제국에서 유일한 생명의 불꽃으로 있는 것, 고독한 원 안에 고독한 중심으로 세상에 놓이는 것보다 더 슬프고 불쾌한 일은 없다. 이 그림은…… 마치 지옥의 묵시록 같다."
그런 다음 클라이스트는 자기가 느끼는 또다른 감정을 감히 입 밖에 낼 수 없기에 글을 끝맺겠다고 쓴다. 클라이스트가 프리드리히의 그림에서 느낀 절망감은 자기 자신의 절망이다. 그 절망감이 클라이스트를 집어삼키고 만다. 불과 몇 달 뒤, 클라이스트는 감히 말로 하지 못했던 일을 행동으로 옮기는데, 그만 권총으로 자살하고 만다.

그런데 어디에서? 베를린 근교 클라이너 반호슷가에 있는 작은 모래 언덕 위에서였다. 뒤로는 시커먼 호수가, 위로는 깜깜한 하늘이 펼쳐져 있었다. 클라이스트는 카스파 다비트 프리드리히의 그림을 연극의 지시문이자 무대미술로 받아들이고 극단적인 결말까지 생각한 것이다. 지금도 〈바닷가의 수도사〉 그림을 볼 때면 수도복 아래 권총을 차고 있는 모습을 떠올리지 않을 수 없다.

1810년 7월 19일, 프로이센은 왕비와 창창한 미래를 잃고, 열다섯 살의 프리드리히 빌헬름 왕자는 그보다 더한 것을, 바로 어머니를 잃는다. 그날 밤, 루이제 왕비가 갑자기 심각한 고열로 고통받는다는 소식을 듣고 프리드리히 빌헬름은 아버지와 남동생과 함께 불안에 떨며 베를린에서 마차를 타고 호엔치어리츠로 급히 달려갔다. 마부는 가는 길에 지친 말을 두 번이나 바꿔야 했다. 그 정도로 마부는 말을 세차게 채찍질하며 몰아댔고, 그 자신도 왕의 불안한 목소리에 쫓겼다. 북쪽을 향해 다섯 시간 동안 먼지 날리는 들길을 달려 호엔치어리츠에 도착하자 메클렌부르크 위로 이제 막 해가 떠오르고 있었다. 아직 잠이 덜 깬 풀밭 위로 자욱한 안개가 피어오르고, 광활한 정원에서는 새들이 깨어나고 있었다. 모든 것이 새롭게 시작되는 듯 보였지만 사실 그것은 끝이었다.

현관에서 하인들이 심각한 얼굴로 그들을 맞이했다. 하인들은 눈물을 들킬까봐 왕과 왕자들의 눈을 차마 똑바로 보지 못한다. 프리드리히 빌헬름은 동생과 아버지와 함께 어머니의 침실이 있는 위층으로 급히 계단을 올라갔다. 육중한 참나무 문을 여니 어머니가 침대에 누워 사투를 벌이고 있었다. 결국 아침 열시에 어머니는 그 싸움에서 지고 만다. 어머니의 나이 고작 서른네 살이었다. 침대 옆 협탁에는 활짝 핀 수국 꽃다발이 놓여 있었다. 프리드리히 빌헬름은 동생과 함께 어머니의 하얀 침대맡에 무릎을 꿇고서 울며 애원했다. 그렇다, 이런 순간에도 평정심을 보여야 한다는 것을 알면서도 그는 울었다.

베를린으로 돌아온 프리드리히 빌헬름은 슬픔에 잠겨 몇 달 동안 힘겨운 나날을 보냈다. 뜨거운 8월, 빛나는 9월, 이글거리는 10월이 스쳐 지나갔다. 그러나 세상이 무너지는 고통을 겪더라도 왕세자는 궁정 예법에 따라 백성들에게 믿음을 주어야 했다. 그래서 10월에 프리드리히 빌헬름은 베를린 아카데미 전시회 개막식에도 참석해야 했다. 그는 아버지 곁에서 무심하게 전시실을 둘러보았다. 무의미한 풍경화들, 신화를 모티프로 한 그림들이 끝없이 펼쳐지는 가운데 거대한 그림 하나가 문득 그의 눈에 들어왔다. 바닷가에서 절망에 빠져 하늘을 원망하며 홀로 서 있는 남자. 바로 〈바닷가의 수도사〉를 본 것이다. 프리드리히 빌헬름은 아무도 듣지 못하게 속삭이듯 왕에게 말한다. "저 그림을 갖고 싶습니다." 왕은 아들의 갑작스러운 요청에 깜짝 놀라서 그 그림을 산다. 450탈러를 주고 역시나 음울한 〈참나무 숲속의 수도원〉도 함께 산다. 프리드리히 빌헬름 3세는 아들이 그 그림으로 뭘 하려는지 전혀 알 수 없었지만, 그런 절망적인 그림이라 해도 아들의 기분이 나아지기만 한다면 뭐든 좋았다.

어떻게 바닷가의 고독한 수도사를 그린 똑같은 그림이 한 사람에게는, 그러니까 극도의 슬픔에 빠진 왕세자에게는 위안을 주면서, 또다른 사람, 그러니까 하인리히 폰 클라이스트는 고독과 절망의 치명적인 소용돌이 속으로 밀어넣을 수 있었을까?

"새로운 것은 어떻게 세상에 등장하는가?" 살만 루슈디의 『악마의 시』 첫 부분에 나오는 말이다. 살만 루슈디는 곧이어 앞의 질문만큼 위대한 질문을 던진다. "새로운 것은 극단적이고 위험한데 어떻게 살아남는가?" 카스파 다비트 프리드리히가 그린 〈바닷가의 수도사〉의 경우에는 놀랍게도 열다섯 살짜리 프로이센 왕세자의 비호를 받은 덕분이었다. 왕세자는 스스로 이미 너무 새롭고 극단적인 슬픔에 잠겨 이 그림이 없는 인생은 훨씬 더 위험하다고 여겼다. 훗날 프리드리히 빌헬름 4세는 사는 동안 〈바닷가의 수도사〉를 단 하루도 눈에서 떨어뜨리지 않는다. 어떤 궁에서 지내든 이 그림을 가지고 다닌다. 그리고 사랑하는 어머니를 일찍 잃어 한평생 찢긴 채로 남은 그의 심장은 어떻게 되었을까? 프리드리히 빌헬름 4세는 자신의 주검에서 심장을 떼어내 샤를로텐부르크공원에 있는 어머니의 묘지 바로 옆에 묻어달라는 유언을 남긴다. 그리고 1861년에 그가 죽었을 때 그 유언대로 이루어진다. 그의 심장은 어머니 곁으로 가고, 육신은 포츠담에 있는 호엔촐레른가 납골당으로 간다. 그리고 영혼은 하늘로 올라가기를 바라지만 그곳은 아무리 프로이센 왕이라도 마음대로 할 수 없는 유일한 곳이다.

1942년 7월, 에른스트 윙거는 파리에서만큼 보리수 꽃향기를 강렬하게 느낀 적이 없다고 일기장에 적는다. 어쩌면 그동안 그가 코를 너무 위로 쳐들고 다녀서 그런지도 모른다. 그의 군복에는 제1차 세계대전 때 프랑스군을 상대로 싸워서 받은 철십자 훈장과 무공 훈장이 달려 있다. 『강철 폭풍 속에서』와 『내면의 투쟁』의 작가 에른스트 윙거는 지금 나치군의 지휘봉을 든 점령군 장교로서 전쟁의 피바람이 닿지 않는 파리에서 당황스럽게도 댄디한 삶을 누리고 있다. 사무실은 마제스틱 호텔 스위트룸이고, 만년필과 부르고뉴 와인이 항상 손 닿는 곳에 준비되어 있었다. 윙거는 이미 오래전에 열정에서 깨어나 냉정을 되찾았고, 인간이라는 존재를 너무 잘 안다고 믿

기에 지금은 새로운 종류의 딱정벌레를 찾는 중이다. 그러나 숨막히게 후덥지근한 1942년 여름에 윙거는 마흔일곱 해의 파란만장한 인생에서 한 번도 겪은 적 없는 강한 내적 갈등을 느끼며 하루하루를 보내고 있다. 그는 저멀리 키르히호르스트에 있는 무뚝뚝한 아내 그레타와, 파리에 있는 유대계 독일인 소아과 의사 조피 라보 사이에서 갈등한다. 조피 라보는 윙거의 손끝을 부드럽게 쓰다듬는다. 그곳에서 감정을 발견하기를 바라면서.

파리에서 장교로서 윙거가 맡은 임무는, 프랑스 점령지역을 두고 독일군과 나치당 사이에 격렬하게 벌어지고 있는 주도권 싸움을 기록하는 일이다. 그러나 그의 일기장은 철저하게 감시받는 마음속에서 벌어지고 있는 주도권 싸움의 기록이 된다. 조피와의 관계가 심각하다는 사실을 아내가 알게 되자, 윙거는 아내에게 용서를 빌면서 터무니없이 비싼 향수와, 거위 간 파이와, 트러플과 리큐어를 키르히호르스트에 있는 아내에게 보낸다. 그리고 순진하게도 그 선물들이 효과가 있기를 바란다. 윙거는 처음으로 신경쇠약에 가까운 위기를 겪는다. 그리고 1942년 7월 18일에, 보편 상황으로는 세계 정세의 위기와 특수 상황으로는 결혼 생활의 위기로 혼란스러운 상황에서 에른스트 윙거는 문득 자기 자신이 프리드리히의 〈바닷가의 수도사〉 같다고 느낀다. "눈을 감으면 이따금 무한의 끝자락에 바위, 절벽, 산이 있는 검은 풍경이 보인다. 저 뒤로, 검은 바다의 가장자리에 분필로 그린 듯 아주 작은 형상의 내 모습이 보인다. 이곳은 나의 전초 기지다. 아무것도 없는 아주 가혹한 곳, 저기 저 심연 속에서 나는 나 자신을 위해 싸운다."

철학자 페터 슬로터다이크에게 질문. "〈바닷가의 수도사〉가 전례 없는 이유는 무엇인가?" 그의 대답. "주체가 물질 속으로 해체된 최초의 그림이다."

삶의 끝자락에 카스파 다비트 프리드리히는 두 가지 의미에서 물과 가까워진다. 프리드리히는 부쩍 눈물이 많아진다. 1838년에 형 아돌프가 죽었을 때 프리드리히의 아내는 그라이프스발트에 있는 가족에게 편지를 쓰면서 남편은 신경이 너무 쇠약해져 직접 편지를 쓰지 못한다고, 죄송하다고 전한다. "기뻐도 슬퍼도 바로 눈물을 흘리기 때문"이다. 프리드리히의 얼굴은 전투에서 패배한 사람의 얼굴을 점점 닮아간다. 1840년에 마지막으로 프리드리히를 찾아온 러시아 친구 바실리 주콥스키는 매정할 정도로 짤막하게 이렇게 적는다. "서글픈 영락. 그는 아이처럼 울었다."

1818년 8월 11일에 프리드리히가 아내와 함께 뤼겐섬에서 배를 타고 발트해를 건너 슈트랄준트에 도착한 지 얼마 지나지 않아, 1818년 8월 31일 또다른 배가 슈트랄준트 항구에 도착한다. 코펜하겐에서 출발한 배였는데, 노르웨이 풍경화가 요한 크리스티안 클라우젠 달이 탄 배였다. 달은 붉은 뺨의 건장한 자연인이었다. 프리드리히처럼 코펜하겐에서 미술을 공부한 달은 이제 막 학업을 마친 참이다. 그리고 지금 프리드리히가 사랑하는 뤼겐섬을 지나 슈트랄준트로 향하고 있는 것이다. 아직 서로 모르는 사이지만, 달을 태우고서 프리드리히를 향해 천천히 다가가는 배는 "두 형제"라는 멋진 이름을 달고 있다. 서른 살의 만년 학생 달은 육로 여행 끝에 드레스덴에 도착하자 추천서를 들고 자기보다 열네 살 많은 프리드리히를 만나러 안 데어 엘베 26번지로 간다. 두 사람은 곧 절친한 사이가 된다. 두 사람은 함께 산책하고 맥주를 마시며 많은 이야기를 나눈다. 달은 이미 1818년 12월 일기에 "풍경화가 프리드리히와 교외에 있는 그로서 가르텐공원에서 오랫동안 거닐며 산책했다"고 적는다. 이 무렵 프리드리히는 달의 그림을 보고 열광하여 이렇게 소리친다. "세상에! 정말 아주 훌륭합니다! 당신이 이런 그림을 그릴 거라고는 생각하지 못했습니다." 달은 행복에 겨워 노르웨이에 있는 친구에게 편지에 써 이 일을 전한다. 달과 프리드리히는 나이든 교수들한테는 조롱당하고, 젊은 화가들한테는 숭배받는다. 그 때문에 두 사람은 더 가까워진다. 심지어 달은 곧 프리드리히가 새로 이사한 안 데어 엘베 33번지 건물로 이사 오는데, 프리드리히의 집 바로 위층이었다. 나중에 프리드리히의 아들 구스타프 아돌프는 달에게 그림 수업을 받게 된다.

　이 남다른 두 화가는 우정의 징표를 그림으로 남긴다. 1820년 봄, 두 사람은 서로에게 그림을 선물한다. 달은 프리드리히에게 〈플라우엔 계곡의 강〉이라는 제목의 그림을 선물하는데, 프리드리히도 드레스덴에 오자마자 계속 발길이 끌렸던 바로 그 물살 빠른 강이었다(지금의 우리 눈에는 특별히 아름다운 그림은 아니다). 그러자 프리드리히는 달에게 자신의 그림 가운데 최고의 그림, 바로 〈달을 바라보는 두 남자〉를 선물한다. 이 그림에 등장하는 두 남자가 아주 절친한 사이인 달과 프리드리히라는 것을 쉽게 짐작할 수 있다. 그림 속에서 키가 더 작고 더 젊은 달이 키가 더 크고 더 나이가 많은 프리드리히의 어깨에 기대고 있고 두 사람은 감동에 젖은 채 경건하게 달을 바라보고 있다. 매일 저녁 해 질 무렵이면 달이 계단을 내려와 프리드리히를 찾아왔고, 두 사람은 함께 밖으로 나가 마지막 햇살을 바라보며 오늘 하루와 작별하고 달을 맞이했다.

1840년에 카스파 다비트 프리드리히가 죽자, 달은 프리드리히의 전성기를 기리기 위해서 프리드리히와 나눈 우정의 징표인 〈달을 바라보는 두 남자〉를 드레스덴 미술관에 판다. 달의 표현대로 "깊은 감정과 고요한 자연의 생명이 살아 숨쉬는 그림"을. 이 그림은 몇 년 동안 미술관에 걸려 있었지만, 드레스덴에서조차 프리드리히가 구닥다리 화가가 되어 결국 보관 창고로 밀려난다. 우리를 대신해 풍경을 바라봐주고, 그들의 눈을 통해 자연을 볼 수 있도록 허락해준 뒷모습 그림의 원형이라 할 수 있는 이 그림은 이제 지하실에 있는 선반 위에서 먼지만 쌓여간다. 이제 다른 새로운 예술이 등장했고, 다른 시대가 시작되었으며, 프리드리히의 그림이 형상화한 동경에 가득찬 내면성은 시대에 뒤처지게 되었다. 어느 정도냐 하면, 1902년에 예술잡지 『데어 쿤스트바르트』는 〈달을 바라보는 두 남자〉를 게재하면서 이렇게 쓰고 묻는다. "카스파 다비트 프리드리히, 그는 누구였나?" 그러면서 깜짝 놀란 독일인들에게 카스파 다비트 프리드리히는 "야성의 예술 혁명가"였다고 밝힌다. 그러자 그에 열광하여 여러 독자 투고가 들어왔고, 편집부는 다음 호에 이렇게 전하게 된다. "한때 분별 있는 노년 세대는 화나게 하고, 동경을 품은 청년 세대는 열광하게 했던 예지자가 거의 100년 만에 다시 팬들을 발견한 것처럼 보인다."

1937년 1월 31일, 젊은 아일랜드 작가 사뮈엘 베케트가 드레스덴을 방문해 브륄 테라스에 있는 제쿤도게니투어 건물을 찾아간다. 그 안에는 19세기 미술을 전시해놓은 미술관이 있다. 베케트는 일기장에 이렇게 적는다. "카스파 다비트 프리드리히. 모든 홀을 꽉 채움." 프리드리히는 정말로 20세기에 그렇게 새로운 팬을 발견한다. 베케트는 1937년 2월 14일, 끔찍하고 충격적인 드레스덴 폭격이 일어나기 정확히 8년 전 그날에, 평화롭게 졸고 있는 미술관을 다시 방문한다. "프리드리히. 달이 뜬 풍경 속에 지친 듯 보이는 키 작은 두 남자가 아주 마음에 듦. 여전히 수용 가능한 유일한 낭만주의 형식. 모든 것이 단조."

이날의 경험이 『고도를 기다리며』를 탄생시켰다는 사실을 베케트는 1970년대에 와서야 비로소 밝힌다. 그는 저널리스트 루비 콘에게 이렇게 털어놓는다. "맞아요, 이것이 『고도를 기다리며』를 탄생시킨 원천이었습니다." 그러니까 『고도를 기다리며』의 무대 지시문 "시골길. 나무 한 그루. 저녁"에 등장하는 이 나무는 바로 카스파 다비트 프리드리히의 그림 속 나무다. 베케트는 베를린 구 국립 미술관에 걸려 있는 프리드리히의 그림 〈달을 바라보는 남자와 여자〉를 보고 나서 자신의 비밀스러운 영감의 원천을 역설적으로 드러낸다. 이 그림은 드레스덴 미술관에 걸려 있는 〈달을 바라보는 두 남자〉의 변형인데, 그림 속 한 남자를 여자로 바꾼 것이다. 베케트는 베를린 미술관에 걸려 있는 그림에서 남자 옆에 여자가 서 있다는 사실에 당황한 게 분명하다. 『고도를 기다리며』의 두 주인공은 오직 남자만 연기해야 한다는 유언을 남긴 진짜 이유는 아마도, 자기가 예전에 본 원본과 다른 그림을 보고 느낀 혼란 때문일 것이다. 베케트의 이 유언은 오늘날까지도 지켜지고 있다.

그러나 대표적인 부조리극 『고도를 기다리며』와, 이 작품에 영감을 준 카스파 다비트 프리드리히의 그림은 정반대의 메시지를 담고 있다. 베케트의 작품은 존재하지 않는 고도를 헛되이 기다리며 풍경과 세상 속에서 길을 잃은 두 남자 이야기지만 프리드리히의 그림 속 두 남자는 자신이 서 있는 풍경 속에서 안전하다고 느끼며 자기들이 기다리는 신은 존재하고 자신의 기다림이 언젠가는 이루어지리라 믿고 있다. 어떻게 이런 일이 가능할까?

정치사상가 이사야 벌린은 『낭만주의의 뿌리』에서, 감정적으로 격앙되고 사고가 급진적인 이념은 현실에 적용될 때 종종 심하게 변형될 뿐만 아니라 심지어 정반대로 뒤바뀐다고 말했다. 베케트가 〈달을 바라보는 두 남자〉를 "유일하게 수용 가능한 낭만주의 형식"으로 부르면서 크게 오해한 것처럼 말이다. 아니면 베케트가 우리보다 더 잘 이해한 것일까? 누가 알겠는가?

―

나치는 낭만주의 예술을 유일하게 수용 가능한 예술 형식으로 보았다. 낭만주의는 "독일의 내면성"을 보여주는 가장 아름다운 증거라며 찬양했다. 1940년에 '독일의 내면성'이라는 제목으로 중요한 논문이 한 편 출판되는데, 핵심적인 메시지는 다음과 같다. "다른 그 어떤 민족의 업적도 필적할 수 없는 카스파 다비트 프리드리히의 작품에는, 순수한 표현을 통해 영원한 독일이 늘 그 영혼의 본질적인 특징으로 나타난다."

제2차세계대전 당시 전선이 점점 가까워짐에 따라 드레스덴 미술관의 보물들을 안전한 곳으로 옮겨야 했을 때, 영원한 독일을 형상화한 〈달을 바라보는 두 남자〉도 조심스럽게 옮겨진다. 여백까지도 고귀한 내면성으로 가득하니까. 〈달을 바라보는 두 남자〉는 1942년에 드레스덴 미술관에 있는 프리드리히의 또다른 그림들과 함께 베젠슈타인성으로 옮겨진다. 중세에 지어진 이 견고한 성은 접근이 몹시 어려운 뮈글리츠탈 계곡의 암석 위에 서 있다. 베젠슈타인성의 성벽은 두께가 1미터나 된다. 특히 보존 가치가 높은 드로잉들은 과거 고문실로 쓰이던 곳으로, 유화들은 한때 광부들의 집회장이었던 곳으로 옮겨진다. 그 옆에는 동물학 박물관에서 가져온 조류와 포유류의 뼈대와, 드레스덴 위생박물관에서 가져온 남아메리카인 두개골이 들어 있는 상자 일곱 개도 안전하게 보관되어 있었다.

그리고 경비원 두 명을 배치해 세상에 하나밖에 없는 보물들을 24시간 지키게 한다. 그러나 지방행정부 자료에 따르면, "남자들은 청소 업무에 서툴러서" 일주일에 한 번 드레스덴에서 여자 청소부가 와서 먼지를 닦았다. 유화랑 드로잉들이 포장되지 않은 채로 선반에 보관되어 있었기 때문이다. 그 가운데에는 라파엘의 그림 〈시스티나의 마돈나〉도 있었다.

1945년 2월 13일 드레스덴 공습으로 드레스덴 미술관 건물이 파괴되면서 관장 헤르만 보스는 보물들을 직접 지키기 위해 베젠슈타인성으로 온다. 드레스덴 미술관에서 고작 삼십분 거리였다. 드레스덴 미술관 관장 역할과 린츠에 세워질 총통 박물관의 특별대리인 역할이라는 불편한 이중 역할을 맡고 있었던 헤르만 보스는 린츠에 소장될 예술품들도 베젠슈타인으로 옮긴다. 1945년 5월 8일에 베젠슈타인성을 점령한 소련 전리품위원회는 비밀정보기관 덕분에 이 사실을 이미 모두 알고 있었다. "〈시스티나의 마돈나〉는 어디 있나?" 이것이 베젠슈타인성을 점령한 소련 장교가 물은 첫번째 질문이었다. 그것도 독일어로. 며칠 뒤, 수천 명의 소련군은 성에 딸린 정원에서 이튿날 새벽 다섯시까지 엄청 마셔대며 축제를 벌인다. 게다가 성에 있던 수공예 유리잔에다 술을 마셨다. 그 와중에, 어쩌면 그로부터 며칠에 걸쳐 카스파 다비트 프리드리히의 두 작품 〈건초 수확 중의 휴식〉과 〈바닷가의 두 방랑자〉가 사라진다. 프리드리히의 스케치북 몇 권과 드로잉들도 함께. 우리가 이 사실을 아주 정확하게 아는 이유는, 이 소련 점령기 때 사실 아주 놀라운 일이 일어났기 때문이다. 전리품위원회는 미술관에서 소장하던 가장 아름다운 유화들을 모두 포장해서 처음에는 화물차로, 그다음에는 기차를 이용해 소련으로 실어보냈는데, 하필 카스파 다비트 프리드리히의 그림들만은 그대로 남겨둔다. 나치가 프리드리히를 나치 예술가로 만들려고 했던 사실을 스탈린이 알고 있기라도 한 듯, 전쟁터에서 쓰러진 많은 독일 병사의 가슴 주머니에 작은 프리드리히 연감이 들어 있는 것을 보기라도 한 듯, 프리드리히가 영원한 독일의 수호성인으로 여겨지는 사실을 알기라도 한 듯 말이다. 그렇다, 드레스덴의 낭만주의 예술이 소련의 예술을 오염시킬까봐 모스크바로 보내지 않은 것이다.

그래서 드레스덴 미술관의 복원가인 알프레트 웅거가 용감하게도 1945년 10월에 마차를 타고 베젠슈타인성으로 간다. 성에 도착한 그는 여러 스탬프가 찍힌 신분증을 보여준다. 그러면 늘 통한다는 것을, 심지어 소련군한테도 먹힌다는 것을 경험으로 알고 있었다. 웅거는 프리드리히의 〈달을 바라보는 두 남자〉와 또다른 그림 두 점, 그리고 요한 크리스티안 클라우젠 달의 그림 한 점이랑, 카루스의 그림 한 점도 마차에 싣고는 마부석에 올라타 지친 말의 고삐를

잡고서 험한 길을 터덜터덜 지나 폐허가 된 드레스덴으로 돌아갔다.

〈달을 바라보는 두 남자〉는 드레스덴을 떠나는 일이 거의 없다. 한번은 21세기 초에 뉴욕으로 날아간 적이 있는데, 메트로폴리탄 미술관에서 거의 200년 만에 처음으로 〈달을 바라보는 남자와 여자〉 옆에 걸리기 위해서였다. 〈달을 바라보는 남자와 여자〉는 프리드리히가 치료비 대신으로 그려준 그림이었는데, 의사가 원작 〈달을 바라보는 두 남자〉가 너무 마음에 들어서 모작을 치료비로 받기로 한 것이었다. 그런데 두 그림이 처음으로 한자리에 모였지만 아무도 그 그림들을 볼 수 없게 된다. '문와처스moonwatchers' 전시회 개막식이 예정되어 있던 2001년 9월 11일에, 이슬람 테러리스트 두 명이 비행기를 납치해 세계무역센터로 날아든 것이다. 이제 막 새로운 시작을 알리는 종이 울리려는 찰나, 낭만주의 시대는 끝이 나버리고 만다. 9월 11일 저녁, 뉴욕 시내 주민 그 누구도 달을 바라보지 않는다. 하늘은 온통 연기로 뒤덮였고 사람들은 공포에 질려 하늘을 쳐다볼 엄두를 내지 못한다.

프리드리히의 그림 가운데 합법적으로 러시아로 간 최초의 그림은 〈범선 위에서〉다. 이 그림은 프리드리히가 그린 그림 가운데 가장 서정적인 그림일지 모른다. 그리고 가장 내밀한 그림이기도 하다. 프리드리히의 그림에 등장하는 남녀 가운데 이 그림 속 뱃머리에 앉아 있는 두 남녀보다 더 가까운 사이는 없다. 이 두 사람은, 이제 막 한 배를 타고 함께하는 인생의 여정을 시작한 화가 자신과 그 아내다. 이 그림은 여러 의미에서 새출발을 표현하고 있고, 고통을 수반하지 않는 동경을 담고 있다. 프리드리히에게는 아주 드문 일이었다. 아주 잠깐이지만 카스파 다비트 프리드리히는 더 나은 미래를 진심으로 기대했던 것 같다.

그러나 젊은 러시아 대공 니콜라이 파블로비치가, 다시 말해 훗날 러시아 황제 니콜라이 1세가 1820년에 프리드리히의 아틀리에를 방문했을 때, 그는 이젤에 놓여 있는 이 그림을 보고 자기 자신을 보는 것 같았다. 그 자신이 화가처럼 결혼한 지 얼마 되지 않은 행복한 새신랑이었기 때문만은 아니었다. 니콜라이 대공의 신부는, 아버지에게 〈바닷가의 수도사〉 그림을 사달라고 했던 프리드리히 빌헬름 왕자의 누이인 샤를로테 공주였다. 그리고 프리드리히 빌헬름 왕자에게 프리드리히 열병이 전염된 누이는 결혼한 지 얼마 되지 않은 남편에게 프리드리히 그림을 벽에 걸어두면 먼 타국 상트페테르부르크에서 좀더 편안하고 아늑하게 느낄 것 같다고 속삭인 것이다. 그런데 니콜라이 대공이 프리드리히의 아틀리에에서 다름아닌 이 그림을 선택한 이유는, 그 자신이 1820년 여름에 처음으로 어린 두 아이를 놔두고 아내와 단둘이 배를 타고 상트페테르부르크에서 독일로 여행을 왔기 때문이기도 할 것이다. 그래서 세상에서 가장 사랑하는 아내와 처음으로 단둘이 선박 여행을 함께한 기념으로 이 그림을 산 것이다. 프리드리히는 이 그림이 이렇게 빨리 팔려서 당황한다. 낭만주의는 오해의 역사이기도 하다.

정확히 200년 뒤, 〈범선 위에서〉는 드레스덴으로 돌아와 축제 분위기로 환영받는다. 차르 황실이 소유했던 프리드리히 그림들을 소장하고 있는 에르미타주 미술관에서 창작지 드레스덴으로 돌아와 "자유의 꿈"이라는 제목으로 독일-러시아 합작 전시회에 전시될 예정이었다. 이제 이 그림은 더 밝은 미래를 약속하는 듯하다. 전시 카탈로그에서 러시아 외무장관 세르게이 라브로프는 낭만주의가 "국경을 초월하는 유일무이한 예술운동"이며, 프리드리히가 바로 그 낭만주의의 구현자라고 찬미한다. 이 특별한 자유의 꿈 〈범선 위에서〉는 2022년 2월 중순에 상트페테르부르크로 돌아온다. 그리고 "국경을 초월하는 낭만주의 예술운동"을 기리는 대규모 축하 행사가 개최된 지 불과 며칠 만에 러시아는 아주 다른 국경을 넘어 우크라이나로 쳐들어가 자유의 꿈을 짓밟는다. 프리드리히가 그린 유토피아를 서구는 오랫동안 볼 수 없을 것이다. 카스파 다비트 프리드리히 그림들의 역사를 마주할 때 우리는 이런 역설도 감내해야 한다.

〈범선 위에서〉는 프리드리히가 1818년에 신혼여행 중 뤼겐섬의 아주 작은 비크 항구에서 배를 타고 육지로 돌아오는 길에 머릿속으로 구상한 것이다. 200년 뒤 이 그림이 상트페테르부르크의 에르미타주 미술관으로 돌아오고 러시아가 우크라이나에 전쟁을 선포했을 때, 아이러니하게도 비크의 이 작은 항구가 세계의 주목을 받게 된다. 2022년 9월, 이 항구에 '안드로메다'호가 정박하는데, 선실 다섯 개, 화장실 세 개, 가스레인지와 냉장고가 구비된 소형 요트였다. 잠수장비를 실을 수 있는 넉넉한 공간도 있었다. 비수기의 일주일 임대료가 3000유로였다. 배에 탄 사람은 남자 다섯 명과 여자 한 명이었는데, 비크 항구에 있는 예테 크눌 에데카 마트에서 면과 신선한 과일을 사 갔다. 나중에 항만 관리소장이 기억하기를, 그들이 동유럽어를 썼고 모두 새 옷을 입고 있었다고 한다. 이날 하늘은 맑고 푸르렀다. 보덴만 건너편의 히덴제섬까지 보일 정도였다. 장을 보고 나서 '안드로메다'호는 출항했다. 그리스신화의 안드로메다는 포세이돈의 명령을 따랐지만 이 '안드로메다'는 이제까지 알려지지 않은 동유럽 전쟁의 신이나 바다의 신이 내리는 명령을 따랐다. 비크에서 뤼겐섬으로 향한 이 현대의 바다 괴물은 공해로 들어가 덴마크 보를홀름 인근에 도착하자 잠수복을 입은 다음 깊은 바닷속으로 사라졌다.

얼마 지나지 않아 천연가스 파이프라인 노스 스트림 1과 노스 스트림 2에서 폭탄이 터진다. 독일은 전혀 낭만주의적이지 못하게도 러시아 천연가스를 계속 공급받고 있었다. 육지에서는 폭탄이 터진 자리에 부글부글하는 물거품만 보였다. 그리고 발트해는 두통약이 녹고 있는 거대한 물컵처럼 변해버렸다.

◠

영화 〈타이타닉〉에서 리어나도 디캐프리오가 케이트 윈슬렛의 초상화를 그릴 때, 케이트 윈슬렛이 말했던 화가는 누구일까? 혹시 카스파 다비트 프리드리히일까? 2023년 봄, 〈누가 백만장자가 될까〉 프로그램에서 텔레비전 진행자 귄터 야우흐와 마주앉아 4000유로짜리 질문에 대답해야 하는 용감한 여성 참가자가 고민해야 할 질문이었다. 영화 〈타이타닉〉에서 케이트 윈슬렛이 매료된 "당시 잘 알려지지 않았던 무명 화가"가 누굴까 하는 문제였다. 피카소였을까요, 반 고흐였을까요, 레오나르도 다빈치였을까요, 아니면 카스파 다비트 프리드리히였을까요, 하고 귄터 야우흐가 묻는다. "디캐프리오가 케이트 윈슬렛의 누드를 그리는 장면에서였죠"라고 참가자가 말한다. 참가자는 반 고흐를 선택한다. 야우흐가 "그때 케이트 윈슬렛이 생각한 게 카스파 다비트 프리드리히가 아니라고 정말 확신합니까?" 하고 묻는다. "그래요" 하고 참가자는 대답한다. 절대적으로 확신한다고, 케이트 윈슬렛은 빈센트 반 고흐를 꿈꾸고 있었을 거라고. "혹시 전화 찬스를 쓰지 않겠습니까?" "아뇨, 아뇨, 확신합니다." 그러나 안타깝게도 케이트 윈슬렛이 말한 화가는 파블로 피카소였다. 심지어 타이타닉호 선실에 피카소의 그림 몇 점이 걸려 있기도 했다. 케이트 윈슬렛은 그 그림들을 걸면서 이렇게 말한다. "멋진 그림이에요. 꼭 꿈속에 있는 것처럼요. 진리는 있지만 논리는 없죠." 타이타닉호가 빙산과 충돌하기 전에 그녀가 했던 이 말은 꼭 카스파 다비트 프리드리히를 두고 한 말처럼 들린다.

1824년 1월 어느 날, 프리드리히가 미술 아카데미 교수 임명장을 받기 위해 길을 나서는데 몇 주 동안 엄청 추웠던 날씨가 갑자기 눈 녹듯 풀려 따뜻했다. 엘베강변을 걷는데 강 위에 녹은 얼음덩어리가 삐걱거리며 서로 부딪히는 소리가 들린다. 얼음덩어리들은 하류로 흘러내려가더니 아우구스투스 다리 기둥 둘레에 기괴한 모양으로 쌓인다. 원래 영광스러워야 할 날이었지만, 마땅히 그랬어야 했는데, 실제로는 치욕스러운 날이었다. 프리드리히는 클렝겔의 후임으로 풍경화 정교수만 된다면 모든 걸 바칠 준비가 되어 있었다. 제대로 된 학생들을 가르칠 수 있고, 또 몇 달 동안 그림을 팔지 못하더라도 형제들이 보내주는 청어나 친구들의 자선에 의존하지 않고 가족을 부양할 수 있는 적당한 월급이 있는 자리. 그러나 프리드리히는 정교수직 자리를 얻지 못하고, 고작 비정규 교수가 된다. 당국은 민주당원인 그를 눈엣가시로 여겼다. 군주에 반대하는 열변을 토하는 그를. 그러나 프리드리히가 더 마음에 안 드는 이유는 따로 있었다. 바로, 프리드리히가 아주 우울한 그림들을 그린다는 사실이다. 당국은 프리드리히가 그런 그림으로 청년들을 망칠까봐 정교수직을 주지 않는 것이다. 이런 바보들이 있나.

절망에 빠진 프리드리히는 자신이 처한 상황을 그림으로 그리기 시작했다. 그리고 그 그림에 실제로 〈좌절된 희망〉이라는 제목을 붙인다. 사실 그림 속 거대한 얼음덩어리에 의해 으스러지는 배를 가리키는 말이지만, 누구나 그 속뜻을 알고 있다. 그의 거창한 꿈이 얼음 바다에서 얼어붙어 산산조각난 것이다. 프리드리히는 미술 아카데미에서 겨우 100미터 떨어진 곳에 살고 있어 출퇴근하기에도 딱 알맞은 데다 모든 준비가 되어 있었지만 소용없었다. 프리드리히는 이해할 수 없었다. 당국은 대신 100탈러가 아니라 200탈러를 지급하겠다고 보장했지만, 결국 앞으로도 끊임없이 그림을 그려서 팔지 않는 한 가족을 부양할 수 없다는 뜻이었다. 프리드리히는 언짢은 마음으로 임명장을 받으러 브륄 테라스를 가로질러 간다. 녹은 눈이 질척거려 마른 길을 찾아가며 걷는다. 저 아래에서 얼어붙은 엘베강이 딱 소리를 내며 깨진다. 프리드리히는 아우구스투스 다리 기둥에 모인 얼음덩어리들이 하나의 그림이 될 만한 형상이 되었을지 확인해보려 한다. 하느님이 하얀 얼음에 차가운 생명을 불어넣기 위해 파란색과 갈색을 얼마나 많이 썼는지 눈으로 보고 배우려는 것이다. 그래서 프리드리히는 웅장한 아카데미 건물을 성큼성큼 지나 다리를 향해 걸어간다. 얼굴에 따사로운 햇살이 비춘다. 바로 그때 한 여인이 다리 난간에 몸을 숙인 채 비명을 지르는 소리가 들린다.

그리고 번개처럼 프리드리히의 눈에 들어온 장면은 바로, 어리석은 소년 몇 명이 순진하게 빙판 위로 올라가는 모습이었다. 아무도 그들을 막지 않았다. 대여섯 명이 배를 깔고 엎드려 있고 두 명은 달려가는데, 한 명이 물속에 빠졌다! 이제 여러 사람이 정신없이 소리질러댔다. 두 사내가 도와주러 달려갔지만, 최대한 조심해야 했다. 얼음이 녹고 있어서 아이는 갑자기 더 멀어진다. 프리드리히는 깜짝 놀라 고개를 돌리고 눈을 감는다. 더는 볼 수가 없었다.

그때 프리드리히의 머릿속에 떠오르는 것이 있었다. 1787년 12월의 일이었다. 카스파 다비트 프리드리히와 그보다 불과 한 살 어린 사랑하는 동생 요한 크리스토퍼는 그라이프스발트의 성벽을 타고 내려가 해자에 있는 작은 배에 올라탔다. 몇 주 전에 물이 얼어붙어 배가 여름 때보다 더 높이 솟아 있었다. 얼음이 배를 위로 밀어낸 것이다. 두 사람은 범선을 타고 얼음 바다와 낯선 세계를 헤치고 멀리 여행을 떠나는 상상을 하며 논다. 그리고 여행중에 폭풍을 만난다. 상상 놀이에 너무 몰입한 프리드리히가 아주 경솔하게도 배에서 뛰어내린다. 그때 얼음이 깨지면서 그만 돌처럼 가라앉고 만다. 극심한 추위에 프리드리히는 당장이라도 몸이 얼어붙을 것만 같았다. 겨울 외투가 갑자기 몇 톤만큼 무거워진다. 프리드리히는 제대로 헤엄칠 수 없었지만 간신히 위쪽으로 올라왔다. 그러나 얼음에 막히고 만다! 차가운 물속에서 소리를 질러댔지만, 아무도 그 외침을 듣지 못한다. 그런 그를 구한 것은 동생 요한 크리스토퍼였다. 요한은 단 한 순간도 망설이지 않고 물속으로 뛰어들어 형의 팔을 붙잡고 그 무거운 몸을 얼음 속에 있는 구멍 쪽으로 끌어당겼다. 프리드리히의 머리가 물 밖으로 나오자, 두 사람은 날카로운 비명을 지른다. 그렇게 날카로운 비명은 난생처음이었다. 바로 그 순간 요한 크리스토퍼의 어린 심장은 영영 멈추고 만다. 카스파 다비트 프리드리히는 37년이라는 믿을 수 없는 시간 동안, 신이 왜 동생을 죽게 만들었는지, 도대체 왜 나를 살렸는지, 왜, 도대체 왜, 하고 계속 자문했다.

프리드리히는 빙해 그림을 거의 완성했을 때야 비로소, 눈앞에 얼음을 보면서 마음속으로는 동생 요한 크리스토퍼를 보고 있다는 것을, 동생을 한순간도 잊지 못했다는 사실을 깨닫는다. 그의 희망만 얼음에 눌려 산산이 부서진 것이 아니다. 프리드리히가 목숨을 빚진 형제의 심장도 얼음에 눌려 부서진 것이다. 프리드리히가 아우구스투스 다리 쪽으로 돌아가면서 감았던 눈을 뜨자 아이가 살아 있는 것이 보인다. 죽음을 피한 아이는 물을 뚝뚝 흘리면서 엘베강가에 힘없이 서 있었다. 그러자 프리드리히가 웃기 시작한다. 그는 웃으면서 신을 용서한다.

평생토록 우울한 기분이 카스파 다비트 프리드리히를 납덩이처럼 짓누른다. 동생이 자기 목숨을 구하려다 죽었다는 죄책감이 평생 그를 따라다니며 꼼짝 못하게 옭아맨다. "1787년 12월 8일, 양초 제조업자 프리드리히의 아들이, 열두 살의 나이에, 물에 빠진 형을 구하려다 익사함." 그라이프스발트의 성 니콜라이 교회 명부에는 이렇게 간단하게 기록되어 있지만, 프리드리히의 인생에는 동생의 죽음이 너무나 무겁게 새겨진다.

프리드리히의 인생에는 친구들이 "멜랑콜리"라고 부른 심각한 우울증 시기가 반복된다. 두 가지 출처에 따르면 자살 시도도 있었는데, 목이랑 뺨의 덥수룩한 턱수염이 그 흉터를 가리고 있는 것 같다. 친구 카루스도 프리드리히가 우울증이 있었다고 얘기했는데, 그가 한때 프리드리히와 가장 가까운 친구였기 때문만이 아니라 작센 왕의 주치의이기도 했기에 그 병에 대해 잘 알고 있었다. 그는 "프시케Psyche"라는 용어와 개념을 독일 의학에 도입한 사람이기도 하기 때문이다. 사랑하는 동생의 죽음에 대한 죄책감 말고도 프리드리히의 어린 영혼을 괴롭힌 것이 또 있었는데, 여섯 살에 어머니를 잃었고, 곧이어 여동생 바르바라를 잃었으며, 요한 크리스토퍼가 죽고 3년 뒤에 누나 마리아가 죽었다. 이 모든 일이 일찍부터 삶에 대한 근원적인 믿음을 잃게 만든다. 조용하고 병약한 카스파 다비트 프리드리히는 아주 무거운, 납덩이처럼 무거운 유년 시절을 보냈다. 아주 조금씩 삶 속으로 들어오기 위해 발버둥치지만, 엄격하고 독실한 아버지는 별 도움이 되지 못한다. 프리드리히는 신앙과 자연 속에서 기댈 곳을 발견한다. 그러나 1801년과 1802년에 우울의 파도가 스물일곱 살의 청년 프리드리히를 덮친 게 틀림없다. 이제 막 드레스덴에 정착했을 무렵이었는데 갑자기 고향으로 돌아와 1년 동안 머문다. 이 한 해에 그린 스케치북에서만 슬퍼하는 사람들을 그린 수많은 스케치가 발견된다. 이 그림들에서 고통을 함께 나누며 서로 의지하는 절망에 빠진 사람들을 볼 수 있다. 1801년 1월 15일의 드로잉은 요한 크리스토퍼의 때 이른 죽음을 가장 분명하게 암시한다. 동생 크리스티안이 그 드로잉을 바탕으로 목판화를 만든다. 그림에는 동생이 익사하던 무렵 프리드리히의 나이와 똑같은 나이의 소년이 작은 무덤 곁에 누워 있고, 무덤 위에는 십자가가 서 있다. 그리고 그 위로 마치 부활한 영혼의 징표처럼 작은 나비가 날고 있다.

드레스덴의 트리니타티스 교회 묘지에 있는 카스파 다비트 프리드리히의 무덤을 처음 방문했을 때, 묘를 덮은 대리석판 위에 그와 똑같이 생긴 분홍색의 작은 플라스틱 나비가 놓인 것을 보고 무척 감동받았다. 뒷이야기를 아는 사람들은 그 나비에 담긴 슬픔을 알

것이다.

⌒

〈빙해〉, 또는 얼음 속에 부서지고 갈기갈기 찢긴 배 때문에 종종 〈좌절된 희망〉으로 불리는 그림은, 프리드리히의 가장 대담한 그림으로 손꼽힌다. 영화감독 페터 샤모니는 이 그림을 사랑했다. 그가 1986년에 제작한 아름다운 다큐멘터리 영화 〈카스파 프리드리히―시간의 경계〉는 영화 내내 눈과 얼음으로 가득한 장면들이 펼쳐진다. 그리고 프리드리히의 아틀리에 앞 엘베강에 얼음덩어리들이 떠다니며 서로 부딪혀 충돌하는 장면이 몇 분 동안이나 이어진다. 그러나 프리드리히의 동시대인들은 그 그림이 끔찍하다고 생각했다. 사람들은 그림에 눈과 얼음이 있다면 겨울의 유흥을 보고 싶어했다. 게다가 왜 얼음이 땅이 갈라지기라도 한 듯 갈색을 띠고 있단 말인가. 고열에 의한 환각 아닌가? 프리드리히가 죽을 때까지 아무도 그 그림을 사려 하지 않았다. 프리드리히가 죽고 나서도 마찬가지였다. 딱 한 사람, 프랑스의 조각가 다비드 당제만이 이 그림에서 "풍경의 비극"을 알아본다. 다른 사람들도 이 그림에서 프리드리히의 가장 대담한 창조력을 알아보기까지는 시간이 좀 걸린다. 정확히는 100년이. 독일이 전쟁으로 피폐해지고 인플레이션의 충격으로 휘청거리던 1922년에 바우하우스 설립자 발터 그로피우스가 1920년 카프 반란*의 희생자들을 기리기 위한 기념비를 설계해달라는 의뢰를 받았을 때, 그는 함부르크 미술관으로 간다. 얼마 전부터 그곳에서 카스파 다비트 프리드리히의 〈빙해〉가 전시중이었다. 그로피우스는 그 그림을 보고 스케치한 다음 '3월 희생자 기념비'를 설계한다. 우뚝 솟은 콘크리트 벽은 프리드리히의 그림 속 위로 솟구친 얼음덩어리를 모델로 한 것이다. 그로피우스는 실패 속에서도 더 높은 곳을 지향하는 뭔가가 드러나는 상징성을 사랑한다. 그렇다, 그로피우스는 예술이 "하늘에 기적을 쌓는" 일이라고 찬미한다. 프리드리히가 캔버스에 유화로 창조한 것을 그로피우스는 바이마르 바우하우스의 조각 공방에서 공중에 떠 있는 것처럼 보이는 콘크리트로 구현한다. 나치는 1936년에 이 기념비를 폭파하는데, 그 기념비가 "퇴폐예술" 정신에 따라 만들어졌다고 생각했기 때문이다. 자기들이 공중으로 폭파시킨 것이 사실은 카스파 다비트 프리드리히라는 사실을, 그리고 이로써 프리드리히의 희망이 다시 한번 좌절되었다는 사실을 그들은 알지 못한다.

1835년 6월 26일에 카스파 다비트 프리드리히가 뇌졸중을 일으켜 하필 오른쪽이, 그러니까 그림을 그리는 손이 마비되었을 때, 그를 담당하던 사려 깊은 의사들은 프리드리히에게 "온천 요양"을 권한다. 절망에 빠진 이 바다의 남자를 도울 수 있는 것은 물뿐이라는 사실을 그들도 느낀 것이 분명하다. 그래서 9월에 프리드리히는 보

* 1920년 3월 베를린에서 우익 정치가 볼프강 카프가 주도하여 일어난 제정과 군인들의 쿠데타.

헤미아 테플리체로 가서 추어 하르페 여인숙에 방을 하나 빌린다. 가족도 함께 와서 프리드리히의 손을 잡고 안내한다. 가족들은 아무 일 없는 듯 평상시처럼 굴면서 그를 격려한다. 프리드리히는 실제로 사람들이 "요법"이라고 부르는 것을 실천한다. 수년 동안 지독하게 가난하게 지내다가 최근에 러시아 차르 황실에서 그림을 몇 점 사간 덕에 이런 온천 요양을 할 여유도 생긴 것이었다. 프리드리히는 테플리체에서 천천히 걷는 법을 다시 배운다. 그리고 1835년 9월에 조카에게 이렇게 편지한다. "이제 두 발로 꽤 잘 서 있단다. 그리고 온천의 힘으로 다시 손으로 작업도 할 수 있게 되기를 바라고 있지."

그리고 정말로, 아주 천천히 프리드리히는 오른손의 통제력을 되찾는다. 얼마 되지 않지만 테플리체 주변 산들을 그린 스케치들을 보면 선이 아직 흔들리는 게 보인다. 드레스덴으로 돌아오고 나서 가을과 겨울에는 심지어 유화도 다시 그릴 수 있게 된다. 물에 집착하는 그가 온천 요양을 하고 돌아와 처음 그린 유화가 무엇이었을까? 물론 그가 10년 전에 마지막으로 본 바다, 바로 뤼겐해변이다. 그 거대한 캔버스의 제목은 〈달빛이 비치는 바닷가〉인데, 가로 179센티미터 세로 134센티미터 크기로 프리드리히의 그림 가운데 두번째로 큰 그림이다. 위협적인 구름 사이로 달이 비추는, 어둡고 불안한 분위기의 그림이다. 이 그림은 작별 그림이다. 창작자가 자기가 사랑하는 바다를 이제 다시는 보지 못하리라는 사실을 아는 것처럼.

1975년에 『희망의 원리』 저자인 철학자 에른스트 블로흐가 ZDF 방송에서 카스파 다비트 프리드리히의 〈바닷가의 수도사〉〈달빛이 비치는 바닷가〉〈빙해〉 작품을 보고 어떻게 낙관적일 수 있느냐는 질문을 받았을 때 그는 이렇게 대답한다. "그 그림을 그릴 수 있는 한 사람이 남았고 그 그림을 볼 수 있는 한 사람이 남았으니 모든 것을 잃지는 않은 셈이죠."

3.
흙

카스파 다비트 프리드리히는 이 순간을 결코 잊지 못할 것이다. 자스니츠에서 한 어부네 집 헛간에서 잠을 자고 일어나 아침으로 신선한 우유에 빵을 조금 먹고는 마을 북쪽에 있는 숲으로 곧장 이어지는 오솔길을 따라 길을 나섰다. 높다란 너도밤나무 사이를 걷는데 고요가 망토처럼 그를 감싼다. 자기 발소리만 들릴 뿐이다. 프리드리히는 너도밤나무 숲을 사랑했다. 사계절을 동시에 느낄 수 있는 곳은 너도밤나무 숲뿐이기 때문이다. 숲 바닥은 지난가을에 떨어져 아직 썩지 않은 갈색 너도밤나무 잎으로 온통 뒤덮여 있고, 길가에는 봄에 움튼 너도밤나무 열매가 자라고 있으며, 위로는 잎이 무성한 짙푸른 나뭇가지들이 여름의 힘을 말해주고 있다. 경건하면서도 호기심에 가득찬 채 그렇게 이십분쯤 오르막길을 걸은 것 같다. 오른편을 보니 반들반들 윤이 나는 높다란 나무 기둥 사이로 눈부신 아침 햇살이 바다 위로 반짝거리는 것이 보인다. 목적지를 눈앞에 두자, 프리드리히는 겉으로 드러난 나무뿌리를 붙잡고 빠른 걸음으로 작은 모래 언덕을 오른다. 걸음을 내디딜 때마다 해변에 부서지는 파도 소리가 점점 더 크게 들린다. 바로 그때 뤼겐의 새하얀 백악 절벽이 눈에 들어온다. 이 절벽 얘기를 정말 많이 들어봤지만, 햇빛에 반사되어 믿기지 않을 정도로 새하얗게 빛나는 절벽을 갑자기 마주하자 전에 들었던 이야기는 모두 빛이 바랜다. 너무 눈이 부셔서 잠시 눈을 감지 않을 수 없었다.

⌢

'만약 내가 영원히 눈을 감는다면 세상은 어떤 모습이 될까?' 카스파 다비트 프리드리히는 궁금했다. 그리고 1804년 어느 날, 하루 종일 아주 정성 들여 그림을 그리더니 진지하게 〈나의 장례식〉이라는 제목을 붙인다. 갈색 세피아 잉크로 아주 섬세하게 붓질했는데, 최근에 이 기법에 통달했다. 세피아 잉크로 얇게 겹겹이 칠하다보면 부드러운 갈색 톤의 매혹적인 효과를 얻을 수 있다. 보통은 세피아 잉크로 뤼겐의 하늘을 칠했는데 지금은 자신의 죽음을 상상하는 데 모든 솜씨를 쏟아붓고 있다. 그렇다, 카스파 다비트 프리드리히는 천진한 화가가 아니다. 100년 뒤 벨기에 화가 제임스 엔소르가 자신을 예수처럼 십자가에 매달린 모습으로 그리지만, 1800년 무렵에 자기가 매장되는 모습을 몇 시간 동안이나 아주 세세하게 상상한다는 것은 그 영혼이 아주 깊은 나락에 빠져 있다는 뜻이다. 그는 자신의 자살 충동을 의식적으로 드러내려는 걸까? 친구들에게 위안받고 싶은 걸까? 아니면 자화상이라는 주제를 철저하게 파고들어 끝장을 보려는 걸까? 알 수 없는 일이다. 우리가 아는 것은, 프리드리히가 1804년 드레스덴 아카데미 전시회에 이 그림을 전시했다는 것, 게다가 동생 크리스티안이 프리드리히의 스케치를 바탕으로 만든 목판화와 함께 전시했다는 사실뿐이다. 두 목판화의 제목 역시 결코 유쾌하지 않은데, 바로 〈까마귀가 있는 절벽에 선 여인〉과 〈나목 사이에 있는 거미줄과 여인〉이다. 이 그림들은 오늘날까지도 사람을 우울과 절망의 혼란스러운 소용돌이 속으로 빠져들게 만든다. 그러나 〈나의 장례식〉을 그리는 것은 당연히 몇 단계 더 극단적인 일이다. 잡지 『주르날 데스 룩수스 운트 데어 모덴』은 다음과 같이 당황한 어조가 풍기는 기사를 싣는다. "장례 행렬이 교회 묘지에 이르렀다. 프리드리히 일가의 이름이 새겨진 여러 무덤 곁 새로운 묘지에 그의 주검이 자리했다. '이곳에 C. D. 프리드리히가 신의 가호 속에 안식하다'라고 십자가에 비문이 새겨졌다." 그건 그렇고, 카스파 다비트 프리드리히는 자기 자신을 스스로 매장하고서 37년을 더 산다. 그러나 그가 그린 그 그림은 사라지고 없다.

4년 뒤, 프리드리히는 또다시 십자가를 세운다. 이번에도 그는 땅속에 묻힌 듯 보인다. 1808년 크리스마스에 프리드리히는 드레스덴 화가 동료들을 모두 아틀리에로 초대해서는, 덧창을 닫아 실내를 어둡게 하고 횃불에 불을 붙인 다음 새로 그린 그림과 화가 동료들만

남겨둔 채 자리를 뜬다. 그 자신은 노이브란덴부르크로 간다. 크리스마스 이틀 전에 그에게 어머니 같은 존재였던 누이 도로테아가 죽었기 때문이다. 아마도 그녀를 위해 자신의 아틀리에 제단을 세운 듯하다.

많은 이들이 그 당시 상황을 전해주었다. 아틀리에 한가운데 놓인 탁자 위에 검은 천이 덮여 있고, 그 위에 화려한 금박 장식의 액자 속에 들어 있는 그림이 세워져 있었는데 바로 〈산속의 십자가〉였다. 프리드리히는 자신의 아틀리에가 예배당처럼 보이기를 원했다. 그림 규격에 맞춰 제작된 화려한 금박 액자 속에 들어 있는 그림은 진짜 제단화처럼 보였다.

그림 하단에는 대지의 힘을 상징하는 커다란 황금 이삭과 포도나무 가지가 보인다. 그 사이에 신의 눈이 있고 구름 위로 신성한 빛이 퍼져나가고 있다. 그림 한가운데에는 전나무로 뒤덮인 작은 산이 있는데 그 위로 십자가에 못박혀 있는 예수의 형상이 보인다. 하늘의 힘을 증언하듯 마지막 햇살을 마주한 모습이다. "빛이 있으라." 신의 이 말씀을 프리드리히는 가장 신비롭고 중요한 말씀으로 여겼다.

나중에 〈테첸 제단화〉로 불리게 되는 〈산속의 십자가〉는 프리드리히의 초기 유화 작품으로 꼽히는데 보수적인 작센 사람들로서는 상상도 못해본 도발이었다. 드레스덴 미술계의 절반이 프리드리히의 아틀리에에서 한자리에 모여 할말을 잃는다. 헬레네 폰 퀴겔겐은 이렇게 전한다. "방안에 들어선 사람들은 마치 성전에 들어선 것처럼 모두 압도되었다. 가장 목소리 큰 사람들조차 교회 안에 있는 것처럼 작은 목소리로 말했다." 바로 그 점이 문제였다. 프리드리히는 제단을 그렸고 그림을 통해 자연을 하나의 신성한 장소로 선언한 것이다. 엄격한 보수주의자였던 시종장 바질리우스 폰 람도르가 잡지 『차이퉁 퓨어 디 엘레간테 벨트』에 분노로 가득찬 글을 발표하자, 드레스덴 미술계에 전대미문의 소동이 일어난다. 폰 람도르는 이렇게 비난한다. "풍경화가가 교회에 숨어들어와 제단 위로 기어올라가려는 것은 참으로 오만한 행위다." 그러자 역사화가 페르디난트 하르트만과 화가 게르하르트 폰 퀴겔겐이 프리드리히를 변호하고 나섰고, 람도르가 다시 되받아쳤다. 신이 어떻게 계시될 수 있고 어떻게 계시되어야 하는지, 화가가 무엇을 할 수 있고 무엇을 해야 하는지, 관람객은 무엇을 할 수 있고 무엇을 해야 하는지 하는 문제를 두고 지적으로 번득이는 격렬한 논쟁이 벌어진다. 이 논쟁이 신문 지면을 채우고 또 채운다. 그리고 그후 200년 동안 그에 관한 책들이 계속 나온다.

실제로 프리드리히의 이 그림은 제단화가 된다. 프란츠 안톤 폰 툰호엔슈타인 2세 백작이 신부 테레지아 폰 브륄과 들어가 살게 될 테첸성에 있는 예배당에 걸릴 제단화가 되는 것이다. 두 사람이 결혼하고 그림을 둘러싼 격렬한 논쟁도 잠잠해진 무렵, 그 그림은 화려한 액자와 함께 거대한 상자에 담겨 성으로 옮겨진다. 백작은 예술을 잘 몰랐지만, 아내가 하도 졸라서 아내를 기쁘게 해주기 위해 산 그림이었다. 그런데 낭만주의 예술을 통틀어 가장 혁명적인 기독교 풍경화라고 할 〈산속의 십자가〉를 툰 백작부인은 어떻게 했을까? 그녀는 그 그림을 예배당에 걸겠다고 프리드리히에게 약속했지만 실제로는 침실에 걸어둔다. 그 그림은 그녀의 침대 옆에 왕좌처럼 자리하게 된다. 자연을 숭배하는 또다른 방식이었다. 그로부터 불과 아홉 달 뒤에 첫아들이 태어나는데, 백작 부인은 아들의 이름을 프리드리히라고 짓는다. 농담이 아니다.

 신을 믿는 프리드리히가 생각하는 악마는 작고 땅딸막하다. 그 악마는 코르시카 출신이고 프랑스어를 쓴다. 그의 이름은 나폴레옹이다. 프리드리히에게 나폴레옹과 프랑스인은 조국을 파괴하는 자들이자, 독일의 풍경을 짓밟는 요한묵시록의 기사들이다. 프랑스 점령군들은 프리드리히를 열정적인 애국주의자로 만든다. 프리드리히가 가장 가까운 형제로 여기는 동생 크리스티안이 1808년에 프랑스에서 편지를 보내자, 프리드리히는 이렇게 말한다. 앞으로는 이 나라에서 오는 편지를 열어보지 않겠다고. 프리드리히는 태고의 원천으로부터 다시 태어나 통일된 독일의 이상을 구상한다. 그리고 해를 거듭할수록 기독교와 게르만 전통이 극단적으로 뒤섞이면서 프리드리히는 나사렛의 예수와 케루스키족* 족장 헤르만을 모두 열정적으로 숭배하게 된다. 자신의 피비린내나는 작품 『헤르만의 전투』를 드레스덴 동지들에게 직접 낭독해줄 장소를 물색해야 했을 때, 하인리히 폰 클라이스트는 프리드리히의 아틀리에를 선택한다. 이곳에서 클라이스트는 이해받고 보호받는다고 느낀다(1807년에서 1809년까

---

* 로마 시대 게르만족의 한 파.

지 2년 동안 두 사람은 피르나 외곽에서 아주 가까운 거리에 산다). 그리고 프리드리히는 클라이스트의 『헤르만의 전투』에 나오는 장면을 바탕으로 〈아르미니우스의 무덤〉을 그리게 된다.

 1806년과 1807년에 예나와 아우어슈테트 전투에서 나폴레옹에 패배하자 프리드리히는 너무 분하여 일주일 동안 침대에 누워 있을 정도였다. 그러고 나서 부활을 바라는 소망을 담은 그림을 그렸을 때, 예수의 부활뿐만 아니라 조국의 부활도 염두에 둔 것이었다. 프리드리히는 아르미니우스의 무덤을 그리고 얼마 지나지 않아 1813년에 〈해방전쟁에서 전사한 이들의 무덤〉을 그린다. 한 무덤에 오래된 비석이 우뚝 솟아 있는데, '헤르만'이라고 쓰여 있다. 전설적인 바루스 전투에서 로마 점령군을 무찌른 케루스키족의 족장을 기리기 위해서였다. 그리고 그 무덤 옆에 최근에 전사한 친구들의 무덤을 배치한다. 그들은 프리드리히의 그림에서 수백 년의 시차를 두고 독일 게르만족이 남쪽 나라 점령군에 대항해 싸운 전투로 하나가 된다. 그림 여기저기에 불사의 참나무들이 자라고 있다. 외국 침략자들의 약탈에도 독일의 강산은 꿋꿋이 살아남으리라고 말하려는 듯하다. 이 무렵 프리드리히가 그린 풍경화들은 모두 애국주의 열정으로 가득하다. 심지어 바위 위에 프랑스 삼색기 색깔의 뱀이 앉아 악마 같은 혀를 놀리고 있는 그림도 있다. 그리고 그림 속 인물들은 옛 독일 의복을 입고 있는데, 카를스바트 결의 이래로 독일에서 금지되는 저항의 옷이었다. 그러나 프리드리히는 반항심에서 자꾸 그 옷들을 그린다. 〈달을 바라보는 두 남자〉에서도 그랬다. 그렇다, 프리드리히는 그림을 통해 자신이 민족주의자이자 애국주의자라는 사실을 공표하고 있다. 괴테가 "신독일적, 종교적 애국주의"라고 조롱한 바로 그것이다. 그러나 프리드리히는 진지했다. 처절할 정도로 진지했다. 프리드리히는 적그리스도 프랑스에 대항하여 게르만적이고, 루터적이고, 북유럽적이고, 중세적이고, 청동기시대적인 것을 수호하려고 애쓴다. 1813년에 해방전쟁이 시작되자, 프리드리히는 민족주의적인 감정이 끓어오른다. 직접 전쟁터로 나가기에는 너무 늙고 겁이 많았던 그는 수중에 있는 동전까지 탈탈 털고 돈까지 빌려가며 300탈러를 모아 화가 친구 게오르크 프리드리히 케르스팅에게 주었다. 말과 군복을 사서 뤼트초프 의용군에 합류할 수 있게 하기 위함이었다.

1813년 3월, 1만 명의 프랑스군 선발대가 드레스덴을 점령하자, 프리드리히는 엘베강 상류 쪽으로 피난한다. 아주 작은 어촌 마을 크리펜에 숨어들어 드레스덴 친구 프리드리히 쿠머의 작은 별장에서 지낸다. 몇 채 되지 않는 집들이 좁은 계곡을 따라 뱀처럼 구불구불 늘어서 있고, 산비탈은 경사가 가팔랐다. 프리드리히가 배낭을 메고 그곳에 도착했을 때는 해가 아직 산을 넘지 않은 상태였다. 이른 오후부터 크리펜은 그늘에 묻혀 있었다. 숨어들기 좋은 장소였다. 프리드리히는 마음이 너무 뒤숭숭해서 첫 주에는 아무것도 그릴 수 없었다. 불안에 떨며 새로운 전쟁 소식을 초조하게 기다릴 뿐이었다. 러시아군뿐만 아니라 프로이센군까지 엘베강 건너편까지 다가왔다는 소식을 듣고는 점점 더 공포에 질리게 된다. 프랑스군이 드레스덴에 있는 아우구스투스 다리를 폭파했다는 소식도 들렸다. 아틀리에에서 바라다보이는 그 마법의 장소를 말이다. 프로이센 왕과 러시아 황제가 드레스덴에 와 있다는 소식도 들렸다. 그리고 나폴레옹이 진군해서 바우첸 근교에서 프랑스군이 프로이센군과 러시아군을 격파했다는 소식도 들린다. 그의 주변은 온통 혼돈뿐이었고 그의 내면은 온통 두려움뿐이었다.

몇 주 뒤, 프리드리히는 다시 그림을 그리기 시작한다. 1813년 6월, 그는 산으로 들어가 전나무를 스케치한다. 가문비나무도 스케치한다. 바늘잎 하나도 놓치지 않겠다는 듯 몇 시간 동안이나 정성 들여 스케치한다. 그는 아주 작은 마을 크리펜에 콕 처박혀 세상사가 비껴가기를 바란다. 그런데 6월 20일 아침에 마을을 지나는데 엄청난 일이 벌어진다. 적그리스도의 화신 나폴레옹이, 프리드리히의 표현을 빌자면 "모든 선의 적"이 장교 세 명과 함께 배를 타고서 엘베강을 따라 올라오다가 하필 크리펜에 정박한 것이다. 휴전 상태를 이용해 보헤미아로 가는 길을 탐색하기 위함이었다. 카스파 다비트 프리드리히는 집 창문으로든 숲이 우거진 언덕에서든 틀림없이 나폴레옹을 봤을 것이다. 마을은 공포에 얼어붙는다. 프리드리히는 계속 스케치한다. 할 수 있는 게 달리 없었다. 이번에는 큰 나뭇가지를 그린다. 정신을 놓지 않기 위해 집중하여 아주 세밀하게 그린다. 그러나 소용없었다. 이 그림에 6월 20일이라는 날짜를 적고는 그 아래 밑도 끝도 없이 "병들다"라는 딱 한마디를 적어넣는다. 정확히 누가 병들었다는 것인지, 나무인지, 시대인지 아니면 그 자신인지 알 수 없었다. 프리드리히는 이 작은 은신처에 난데없이 나폴레옹이 나타난 일이 역사의 광기로밖에 생각되지 않았다.

프리드리히는 현실에서 벗어나 다시 전나무를 스케치하는 일에 몰두하려고 한다. 그에게 스케치는 진정 마사지 같은 것이다. 때로는 가문비나무를 그릴 때도 있고, 때로는 바위일 때도 있었다. 그렇게 하루하루 흘러간다. 나폴레옹과의 충격적인 만남이 일어난 지 4주가 지난 7월 20일에, 프리드리히는 정성 들여 스케치한 전나무 다섯 그루 옆에 갑자기 정치적 고백을 기록한다. "새로운 전투를 위해 무장하라/ 독일의 사내들이여, 무기를 고쳐라."(이 문구가 1945년 이후에야 해독된 것이 얼마나 다행인가. 자신들의 무기가 재앙만 초래할 뿐이라는 사실을 독일 남자들이 마침내 깨달았을 때이니 말이다.)

1813년 11월, 나폴레옹이 이끄는 프랑스군을 프로이센군과 러시아군이 드레스덴에서 몰아내자, 프리드리히는 드레스덴으로 돌아온다. 그리고 아틀리에로 돌아오자마자 곧장 채색을 시작한다. 애국심이 담긴 그의 새로운 그림들은 두려움, 분노, 자부심, 반항심에 몸서리친다. 그는 숲속에서 방황하는 한 프랑스 병사를 그리는데, 길을 잃은 채 전나무 사이를 터덜터덜 걷고 있다. 감히 독일 땅까지 너무 멀리 온 것이다. 그리고 프리드리히는 이런 시를 짓는다. "당신께 간청합니다. 오, 우리를 프랑스의 멍에에서 해방시켜 주신 주여! 장차 그 야만적인 무리가 우리의 밭과 들을 짓밟지 않게 하소서." 그런 다음 프리드리히는 조국의 들과 밭, 프랑스군과의 전투에서 목숨을 잃은 기독교-게르만 영웅들의 무덤을 그린다. 이 전쟁에서 많은 것을 잃었다. 친구 테오도어 쾨르너를 잃었고, 수많은 환상이 깨졌다. 게다가 전쟁으로 큰 재정적 손실을 입었다. 전란 동안, 전쟁터에 나가는 친구 케르스팅에게 준 300탈러만큼도 벌지 못했다. 1년 뒤에도 동생 하인리히에게 구걸 편지를 써 보내야 하는 처지였다. "행운은 나를 완전히 저버린 게 틀림없어."

프리드리히는 죽음과 함께 지상에서 흔적도 없이 사라진다. 그를 아는 사람은 이제 아무도 없고, 예술가들은 절대 그와 엮이고 싶어하지 않으며, 낭만주의는 어느새 곰팡내나는 예술이 되어버렸다. 잠깐 밝게 빛나던 프리드리히의 별은 1820년대 중반 뒤셀도르프 미술학파가 혜성처럼 나타나 급부상하자 빠르게 저물기 시작하더니, 1840년에 그가 죽으면서 아예 지고 말았다. 그의 부고조차도 그가 항상 시대에 맞지 않은 인물이었던 것처럼 들린다. 그렇다, 괴테 시대는 일찍이 이름 주인의 평가대로, 프리드리히가 가지 않는 게 나을 "그릇된 길"에 빠졌다고 보았다.

1861년에 베를린 국립 미술관에서 프리드리히의 주요 작품들이 수록된 새로운 카탈로그를 출간했을 때, 그가 누구인지 밝히기 위해 주소지를 덧붙여야 했다. 그것도 고작 달랑 한 문장밖에 되지 않았다. "뉘른베르크 출신 클라인의 작품들과 드레스덴 출신 프리드리히의 작품들." 그게 다였다. 19세기 후반에 아돌프 로젠베르크와 리하르트 무터가 독일의 교양 시민 계급을 대상으로 출간한 두꺼운 미술사 책에는 프리드리히에 대해 아예 언급조차 하지 않았다. 이와 같은 증발을 라이너 마리아 릴케만큼 정확하게 묘사한 이는 없다. "역사는 시대를 너무 앞서 태어난 이들의 목록이다. 아무 이유 없이 군중 속에 홀로 깨어나는 이들이 계속 나타난다. (……) 그를 통해 미래가 무자비하게 드러난다. 그의 시대는 그를 어떻게 평가해야 할지 알지 못하며 그렇게 주저하는 가운데 그를 놓쳐버린다. 그는 시대의 우유부단 속에 몰락한다. 그는 버림받은 지휘관처럼 혹은 나태한 대지한테 이해받지 못한 때 이른 봄날처럼 죽음을 맞이한다. 그러나 수백 년 뒤, 그의 동상에 더이상 화환이 놓이지 않고 그의 무덤은 잊힌 채 푸른 잡초만 무성해질 때, 그는 다시 깨어나 다가와서는 동시대인으로서 손자 세대의 정신 속에 살아간다."

그리고 실제로 프리드리히의 손자 세대에 속하는 릴케를 통해 그의 정신이 이어진다. 릴케는 "나태한 대지"가 이해하지 못한 것을 알아본다. 릴케는 베를린 국립 미술관에 있는 〈외톨이 나무〉 그림에 반해서 자꾸 찾아가 감탄하며 바라보았는데, 이 그림에 너무 매료된 릴케는 결국 1905년 7월 4일에 프리드리히의 정신을 통해 푸른 초원으로 걸어들어가 시를 지을 수 있었을 것이다.

그대가 누구든 저녁이 되어
그대가 잘 아는 방에서 나와 발을 내디디면
그대의 집 바로 앞에 미지의 세계가 놓여 있으리라.
그대가 누구든.
닳은 문턱을 벗어날 줄 모르는
그대의 지친 눈으로,
아주 천천히 검은 나무 한 그루를 들어올려
하늘 앞에 세우네, 가냘픈 외톨이 나무를.

그리하여 하나의 세계를 만드네. 그 세계는 거대하고
침묵 속에 여물어가는 한마디 말과 같네.
그리고 그대의 의지가 그 의미를 이해할 때
그대의 눈은 그 세계를 살포시 놓아주네……

이보다 더 아름답게 말할 수 있는 사람은 없을 것이다. 그리고 이보다 더 정확하게 말할 수 있는 사람도 없을 것이다. 각 시대는 프리드리히의 그림에 담긴 의미를 이해하려고 애쓴다. 우리도 그렇다. 그러고 나면 어느 순간 그 의미를 이해하려는 눈이 "다정하게" 그를 놓아주어야 한다. 의미를 이해하려는 의지를 극복했을 때 비로소, 프리드리히를 진정으로 이해할 기회가 생기기 때문이다.

그러나 이해심 가득한 손자 뒤에 증손자가, 바로 나치가 태어난다. 그리고 1930년대에 나치는 그들의 "의지"를 가지고 프리드리히의 의미를 아주 새로운 방식으로 이해하려고 시도한다. 그러나 눈을 제대로 뜨지 않은 채. 레니 리펜슈탈은 베를린 학창 시절부터 카스파 다비트 프리드리히의 그림을 숭배했다. 특히 〈리젠산맥의 아침〉을 좋아했는데, 이 그림은 1930년대 이래로 베를린 궁전에 전시되어 있었다. 산꼭대기의 그지없는 아름다움과 광활함을 보여주는 이 그림은 리펜슈탈의 취향에 딱 맞았다. 그림 한가운데에 하얀 가운을 입은 금발의 여성이 서 있는데, 산 위에 있는 십자가를 붙잡은 채 나약한 남자를 끌어올리고 있다.

1932년에 리펜슈탈이 영화 〈푸른빛〉의 시나리오를 공동 집필하고 주연을 맡았는데, 그때 이 금발의 여인을 여주인공의 모델로 삼는다. 주인공 산골 처녀 준타에 이끌려 남자들이 차례차례 산 위로 오른다. 그녀는 푸른빛의 비밀을 알고 있는 것처럼 보인다. 그녀가 산속을 돌아다니는 장면이 나올 때면, 프리드리히의 그림처럼 항상 끝없이 이어지는 산봉우리에서 검은 뒷모습으로 카메라에 담는다.

그리고 이 영화에서 리펜슈탈을 따라 산에 오르는 이 가운데 가장 중요한 인물이 누구인가? 당연히 화가다. 두 사람은 푸른 빛의 비밀을 쫓는다. 낭만적인 노스텔지어와 왜곡된 야성이 뒤섞인 기묘한 영화다. 그러나 무엇보다 리펜슈탈이 프리드리히의 그림에서 받은 영감을 그 어떤 영화에서보다 가장 명확하게 드러낸 영화다.

어쩌면 레니 리펜슈탈이 프리드리히 그림 속 산꼭대기에 있는 여인을 그림에서 떼어내어 영화 캐릭터로 만들 수 있었던 것은 프리드리히가 애초에 그 여인을 그리지 않았기 때문이 아닐까? 1810년에 프리드리히와 함께 리젠산맥을 여행한 게오르크 프리드리히 케르스팅이, 인물을 그리는 데 서툴다고 알려진 프리드리히를 대신해 이 강인한 여인과 나약한 남자를 프리드리히의 그림에 그려넣었다고 프리드리히의 동시대인들이 이미 전하고 있다. 프리드리히의 동시대인들은 여성이 앞장서 가면서 남자를 이끌어줘야 하는 상황을 전혀 상상할 수 없었기 때문에, 그림 속 여성은 틀림없이 천사일 거라고 믿었다.

⌢

프로이센 공주 마리아네는 시아주버니 되는 프리드리히 빌헬름 3세의 소장품에서 이 그림을 보았을 때, 산 정상에서 십자가를 붙든 채 침울하고 굼뜬 남자를 위로 끌어당기는 여인이 자기 같다고 느낀다. 남편과 함께 리젠산맥에 있는 피쉬바흐성을 사들여, 프리드리히가 그린 산꼭대기를 날마다 직접 눈으로 보던 마리아네는 1830년에 팔켄산에서 가장 아름다운 봉우리로 올라가 그림에 나오는 모습 그대로 그곳에 십자가를 세운다. 그때부터 그 산은 "십자가 산"으로 불리게 된다. 그렇게 프리드리히의 그림은 그가 사랑한 풍경을 장식하는 데 아이디어를 제공한다. 그것도 프리드리히한테 이해받는다는 느낌을 받은 한 공주에게.

⌢

프리드리히가 독일의 풍경을 사실적으로 그린 화가라고 생각하는 것은 굉장한 착각이다. 물론 프리드리히가 사실적인 스케치를 수백 장이나 그린 것은 맞다. 그는 바위에 난 틈새 하나하나, 나무 잎사귀 하나하나, 갈대의 굴곡 하나하나 놓치지 않고 세밀하게 스케치했다. 현실 모사가 가득한 거대한 보물을 스케치북에 잘 보관했다가 때로는 며칠, 때로는 몇 달, 때로는 몇 년 뒤, 때로는 심지어 수십 년 뒤에 다른 그림에 써먹었다. 그는 나무나 바위를 원래 자리에서 다른 장소로 옮기는 일을 아무렇지 않게 생각한 게 분명하다. 프리드리히는 자신의 그림에서 사실적인 원본을 가지고 추상적인 콜라주를 만들어낸다. 그가 그린 것이 엘베 사암산맥에 있는 특정한 산이거나, 특정한 백악절벽이거나, 특정한 드레스덴 전망이었으면 정말 좋겠지만, 그는 그러지 않았다. 아니, 훨씬 더 복잡하다. 프리드리히의 특정 그림이 나타내는 장소를 찾아가 기념 표지판을 세우고 싶어도 그 어느 곳에서도 딱 일치하는 장소를 발견할 수 없다. 아무리 프리드리히가 발트해에 있는 범선을 밧줄 한 줄, 돛 하나 빠뜨리지 않고 최고로 세밀하게 스케치하고 리젠산맥에서 전나무 앞 땅바닥에 몇 시간이고 앉아 단 하나의 바늘잎도 놓치지 않고 사실적으로 그렸더라도 소용없는 일이다. 그 전나무가 나중에 어디에서 나타날지, 리젠산맥일지 다른 장소일지 알 수 없다. 독일 낭만주의에서 가장 정교하게 그리기로 정평이 난 화가 카스파 다비트 프리드리히는 사실은 개념미술가지 자연주의 미술가가 절대 아니다. 그는 자기 내면의 환상을 표현하기 위해서 아주 다양한 서랍에서 자신의 기억을 꺼내 활용한다. 그가 안갯속에서 수평선 위로 항구 도시가 나타나는 그림을 그린다면, 그림에 보이는 탑이 슈트랄준트의 탑일 수도 있고, 그라이프스발트의 탑일 수도 있으며, 가끔은 노이브란덴부르크의 탑일 때도 있다. 그라이프스발트 근교에 있는 유명한 엘데나 유적이 프리드리히의 그림에서는 리젠산맥 속에 있거나 알프스에 있을 수 있다. 그의 그림은 늘 "풍경" "숲" "항구" "산"을 주제로 하지만, 결코 실제 구체적인 장소를 그린 것이 아니다. 여행사도 우리도 그러기를 몹시 바라더라도 어쩔 수 없다. 그의 그림에서는 모든 것이 딱 들어맞지를 않는다.

함부르크 미술관에 전시되어 있는 한 그림이 묘사하는 풍경이 어느 장소인지 밝히기 위해 수십 년 동안 노력을 기울인 사례는 이 점을 아주 잘 보여준다. 전면에 연두색 띠들이 있고, 그 뒤로 회색 산맥이 있고, 그 위로는 구름 낀 하늘이 있는, 거의 추상화에 가까운 풍경화라서 장소를 특정하기가 더 어렵다. 이 그림은 오늘날 〈보헤미아의 산악 풍경〉으로 불린다. 1904년에 프리드리히 가족한테서 이 그림을 구매할 당시에는 그림 제목이 〈하르츠 풍경〉이었다. 프리드리히의 그림을 재발견한 오베르는 이렇게 묘사하고 있다. "특히 훌륭했던 것은 여름 풍경을 담은 작은 풍경화였다. 연두색 초원 위로 창백한 청회색 산들이 이어지는 그 풍경은 의심할 여지 없이 보헤미아 풍경이었다." 한 연구자는 더 정확하게, 그 그림이 바름브룬에서 리젠산맥을 바라본 풍경을 보여준다고 주장했다. 또다른 연구자는 하르츠 고원의 풍경과 일치한다고, 탄네 근교에서 브로켄산을 바라볼 때 모습이라고 주장했다. 한편, 미술사학자 카를루트비히 호흐는 산의 형태로 봤을 때 북부 보헤미아 하이다 근교에 있는 현무암산 클라이스가 분명하다고 주장했다. 1832년에 그 풍경화가 처음 전시되었을 때, 저 똑똑한 카를루트비히 호흐는 이렇게 비평했다. "그림에서 표출되는 것은 화가 자신이 만든 추상이다." 조금 불친절하게 표현하자면 이렇다. "세 가지 색과 두 개의 선, 이걸 도대체 풍경이라고 할 수 있을까?"

그러므로 우리는 프리드리히의 풍경화가 현실의 재현이라고 착각하면 안 된다. 오히려 현실의 해체로 보아야 한다. 그 점을 처음 알아본 것은 미술사학자 리하르트 하만이다. 그는 풍경화 〈보헤미아의 산악 풍경〉에 대해 이렇게 비평했다. "짙은 초록빛 초원과 깊은 보랏빛 산의 어두운 색조와 구름 낀 하늘의 아주 경쾌하고 부드러운 색조가 이루는 강렬한 조화가 모든 공간과 형태를 색채 속에 해체한다."

릴케가 시를 지어 그림 속으로 들어갈 만큼 매혹된 〈외톨이 나무〉는 어떤가? 그림 한가운데 있는 참나무는 신비로운 방식으로 대지와 하늘을 이어준다. 지상과 천상의 만남이다. 그러나 이 지상은 어디였을까? 이 그림은 1822년에 베를린 은행가 요아힘 하인리히 빌헬름 바게너를 위해 그린 것이다. 1823년 첫 전시회 때 이 그림의 제목은 〈아침, 하나의 조합〉이었는데 이 "조합"이라는 단어는 프리드리히의 풍경화를 아주 간결하면서도 정확하게 표현해준다. 프리드리히는 서로 어울리는 것을 조합한다. 바게너 소장품 목록을 보면 이 그림 제목이 1828년에는 〈푸른 평원〉이었다가 1856년에는 당황스럽게도 〈아침 여명 속의 마을 풍경〉이 된다. 그림에는 마을도 빛도 보이지 않는데 말이다. 그런데 시간이 지나면서 그림의 배경이 아침일 리가 없다는 의심이 커진 게 분명하다. 1876년에 그사이 새로운 소유주가 된 국립 미술관 소장품 목록에서 이 그림의 제목이 이미 〈구름 낀 하늘의 늦은 저녁 황혼빛〉이라는 멋진 제목으로 바뀌고, 1878년에는 안타깝게도 그냥 간단하게 〈하르츠 풍경〉으로 바뀌며, 1906년 100년 전시회* 때는 〈해가 지는 풍경〉이 된다. 그러다가 어느 시점에 조각가 루트비히 토르멜렌에 의해 그림 제목이 〈외톨이

나무〉가 된다. 엉망진창이다. 우리는 그림의 시간 배경이 저녁인지 아침인지도 모를 뿐만 아니라, 배경 장소가 하르츠인지 작센스위스인지도 알 수 없다. 그림 속 나무는 노이브란덴부르크와 리젠산맥에 있던 나무를 스케치한 것이다. 그러니 포기하자. 카스파 다비트 프리드리히는 자연을 들이마신 다음 다시 예술로 내뱉는다.

프리드리히는 비옥한 땅을, 맨흙을 두어 번 그린 적이 있다. 드레스덴 주변에 새로 쟁기질한 밭이었는데, 뒤로 교회 첨탑이 보이지만 사실 그림의 주제는 땅이었다. 〈새로 쟁기질한 밭〉이라는 제목의 그림이 있는데, 전면에 보이는 것은 경작한 밭의 어둡고 짙은 갈색뿐이다. 그 위로 보랏빛 하늘이 펼쳐져 있는데, 이제까지 독일 미술에서 한 번도 본 적이 없는 색감이다. 그림 속 밭에서 프리드리히가 수십 년 동안 그 위를 걸으며 손에 흙덩어리를 쥐어보았을 세월이 느껴진다. 갈색 밭조차도 미래의 힘을 품고 있다는 것을 그는 알고 있기 때문이다. "땅에서 뭔가 거두려면 씨앗이 한동안 땅속에 묻혀 있어야 한다."

---

* 1775~1875년 사이 100년 동안의 작품들을 전시함.

1941년에 미술사학자 카를 폰 로르크가 나치군의 의뢰를 받아 전쟁 난민이 머물 곳을 찾아 메클렌부르크에 있는 귀족 저택들을 조사하다가 말힌호숫가에 있는 웅장한 바제도성을 살펴보게 된다. 식당에 들어선 그는 자기 눈을 믿을 수 없었다. 널빤지로 장식된 어스름한 식당 홀에 연기에 그을린 작은 그림이 다섯 점 있었는데, 그것이 카스파 다비트 프리드리히의 그림이라는 것을 그는 한눈에 알아보았다. 그는 캔버스를 잘 닦아낸 다음, 그때까지 알려지지 않았던 프리드리히의 그림 다섯 점을 미술 전문 잡지에 자랑스럽게 공개했다. 〈해변의 암초〉〈발트해변의 어부〉〈햇살이 비치는 리젠산맥〉〈소나무 숲속 외딴집〉〈흘러가는 구름에 가린 산봉우리〉이렇게 다섯 점이었는데, 대중은 이 그림들이 프리드리히의 작품이라는 게 믿기지 않는 듯했다. 모두 바람결에 애절한 노래가 실려올 것 같은 고요하고 시적인 풍경화들이었다. 〈해변의 암초〉는 현재 카를스루에 미술관에 소장되어 있는데, 신비로운 달빛이 비치는 이 그림은 프리드리히 작품 가운데 가장 강렬한 아름다움을 지녔다 할 수 있다.

이 다섯 점의 그림은 모두 몽상적인 이다 폰 한한 백작부인이 1826년부터 1829년 사이에 프리드리히한테서 사들인 것이다. 이다 폰 한한 백작부인은 1826년에 바제도성의 성주 프리드리히 폰 한 백작과 결혼했는데, 그는 광신적인 말 사육자이자 난봉꾼이었다. 둘은 서로 사촌지간이었기에 백작부인은 이중으로 '한-한' 성을 갖게 되었다. 1829년에 그녀가 임신하자 백작이 이혼을 요구했는데, 백작은 순종 말들을 사육하는 데 더 관심이 있었다. 프리드리히의 그림들은 고단한 결혼 생활에서 위안을 얻고자 그녀가 사들였을 게 분명하지만, 이혼하면서 그 그림들을 갖고 나올 수는 없었다. 갑작스럽게 이혼당하고 바제도성을 떠난 이다 폰 한은 먼저 작가가 되었다가 나중에는 가톨릭 신자가 되어 마인츠에 수도원까지 세우게 된다. 그녀가 떠나고 나서 프리드리히 그림들은 100년 넘게 식당에 걸려 있었지만 사람들에게 잊혀버렸다. 성의 주인과 그 자손들은 주로 밖에서 말과 함께 지냈다. 그리고 이 그림들이 발견된 해에 폰 한바제도라는 귀족 성은 사라지고 만다. 마지막 후손인 프리드리히 프란츠 폰 한 백작이 1941년에 소련의 타간로크 전선에서 전사하기 때문이다.

1945년에 바제도성을 점령한 소련군은 성을 약탈하면서 남아 있는 그림과 가구들을 모두 불태웠다. 다행히 프리드리히의 그림 네 점은 1941년 발견 당시 팔리거나 서독에 있는 다른 폰 한 일가 집에 안전하게 옮겨졌다. 〈발트해변의 어부〉는 오랫동안 역사의 그늘 속에 숨어 있다가 1994년에야 한 런던 경매장에 모습을 드러냈다. 한때 그 그림이 걸려 있었고, 그보다 앞서 위대한 필립 오토 룽게가 벽화를 그리기로 했었던 바제도성의 식당은 지금 무료하게 텅 비어 있다. 반면에 바제도성은 현재 스테이크 하우스로 유명하다.

프리드리히는 포기를 모른다. 여전히 괴테가 자기를 좋아하기를 바란다. 그래서 1811년 7월에 하르츠에서 돌아오는 길에 바이마르에 들른다. 프라우엔플란 1번지 문을 두드렸지만 시성 괴테는 예나로 여행을 떠났다는 전갈만 돌아왔다. 프리드리히는 괴테가 있는 곳으로 가기로 결심한다. 프리드리히의 친구가 괴테와의 만남을 주선한다. 재밌게도 친구의 성이 쾨테였다. 두 사람은 괴테를 만나러 요한나 쇼펜하우어의 생일 파티에도 쫓아간다. 프리드리히는 자기 그림으로 더이상 괴테의 마음을 사로잡을 수 없다는 사실을 아직도 깨닫지 못한다. 그래서 친구 쾨겔겐에게 자기가 그린 그림 아홉 점을 바이마르 가을 전시회에 바로 보내달라고 부탁하기도 한다. 산악 풍경, 산중 예배당, 겨울 풍경과 항구 그림 두 점이었다. 쾨겔겐은 사람들이 그 그림들을 이해하기 힘들 거라는 사실을 예감하고 예술 분야에서 괴테의 오른팔인 요한 하인리히 마이어에게 경고 메시지를 동봉한다. "프리드리히는 바이마르 사람들에게 자신의 대작들을 보여주게 되어 몹시 기뻐했지만, 저는 사실 말리고 싶었습니다." 쾨겔겐은 바이마르에서 그림의 부족한 점뿐만 아니라 좋은 점도 언급해주는 관대함을 보여주기 바란다고 덧붙였다. 괴테가 예나에서 프리드리히를 만나고 나서 프리드리히는 "그릇된 길"을 가고 있다고 말한 사실을 쾨겔겐은 이미 오래전부터 알고 있었던 듯 보인다. 괴테가 프리드리히에 대해 이런 평가를 내렸다는 소문이 파다했다. 대공 부부도 괴테의 의견에 동조한 게 분명했다. 이제 바이마르에서 프리드리히의 그림을 사려는 사람이 아무도 없어서 아홉 점의 그림 모두 팔리지 못하고 1812년 봄에 드레스덴으로 돌아온다. 요한 하인리히 마이어는 『주르날 데스 룩수스 운트 데어 모덴』에 기고한 글에서 자기가 모시는 괴테 편에 서서 프리드리히의 그림을 강하게 비판했다.

"자연에 나타나는 모든 것이 그림으로 재현하는 데 적합하거나 그럴 만한 가치가 있는 것은 아니다. 예술작품은 응당 사람에게 기쁨을 주어야 한다."

그러나 카스파 다비트 프리드리히는 여전히 이해하지 못했다. 고집불통 염소처럼 1812년 가을 전시회에 다시 한번 그림 아홉 점을 바이마르로 보내는데, 이번에는 세피아 그림들이었다. 그중에는 죽음에 대한 집착을 보여주는 그림 〈나의 장례식〉도 있었다. 당연히 괴테가 싫어할 만한 그림이었다. 마이어는 1812년 6월 11일에 이미 괴테에게 이렇게 전한다. "대공 부부"도 "흥미를 잃은 것으로 보입니다". 그래서 이번에도 그는 "궁핍한 프리드리히"에게 그림을 판 돈이 아니라 프리드리히 자신의 예술작품들을 돌려보낸다. 카스파 다비트 프리드리히는 바이마르에서 쌓은 모든 평판을 고작 11개월 만에 모두 잃고 만다.

바이마르 시립 궁전에는 아주 기이한 그림이 한 점 있다. 카스파 다비트 프리드리히의 그림인데, 산봉우리만 보인다. 리젠산맥 풍경이었을 텐데 아랫부분 삼분의 이 정도가 사라진 게 분명하다. 가로 길이는 167센티미터인데 세로는 48센티미터밖에 안 된다. 그림 제목은 〈달이 뜬 산〉이다. 그림의 아랫부분은 어디로 갔을까? 살짝 의심 가는 게 있다. 1815년에 부아스레 형제가 괴테를 방문했는데, 그때 카스파 다비트 프리드리히도 화젯거리가 되었다. 괴테는 멜랑콜리한 그림을 멈추지 않는 프리드리히에 대한 분노를 부아스레 형제에게 그대로 드러냈다. 줄피츠 부아스레는 일기장에 괴테의 분노 폭발을 이렇게 묘사했다. "화가 프리드리히의 그림들은 거꾸로 봐도 상관없다면서, 태연하게 그림들을 테이블보에 내려치고, (……) 총으로 쏘는 등 괴테의 분노가 대단했다." 진짜다, 일기장에 정말로 그렇게 쓰여 있다. 바이마르 시립 궁전에 있는 프리드리히의 이상한 산봉우리 그림을 본다면, 그림 아랫부분이 탁자에 부딪혀 박살 난 건지 총에 맞은 건지 여러분이 선택하기만 하면 된다. 그림에 지문이 묻어 있는지 한번 조사해봐야 할 것이다. 괴테가 법정에 서서 자신의 행위가 정당방위였다고, 안 그러면 자기 마음에 들고 싶어 안달하는 프리드리히가 바이마르에 그림을 보내는 일을 결코 멈추지 않았을 거라고 대답한다면 재미있을 것이다.

각 시대는 자기 나름의 방식으로 카스파 다비트 프리드리히를 찾고 발견한다. 그리고 기이하게도 그를 미워하거나 사랑할 이유를 하나가 아니라 최소한 두 가지를 발견하게 된다. 1974년에 카스파 다비트 프리드리히 탄생 200주년을 맞아 드레스덴과 함부르크에서 대규모 전시회가 열리고 수십만 명이 그의 그림을 보러 줄을 섰을 때, 저명한 68운동 세대 미술사학자들이 쓴 『시민 혁명과 낭만주의』라는 제목의 작은 책이 출간된다. 책에서 그들 특유의 혼란스럽고 난해한 언어로 이렇게 묻는다. "독일연방공화국 BRD에서는 부정적 유토피아로서 종교적으로 고양된 프리드리히의 풍경화가 산업화 이전의 풍경화로서 산업화 사회의 향수를 충족시키는 이상적인 풍경화와 동일시되는 것일까? 반면에 독일민주공화국DDR에서는 프리드리히의 예술이 있는 그대로의 현실을 행복의 장소로 제시하는 사회주의 예술의 선구자로 이해되는 것일까?" 그렇다, 시대와 체제마다 프리드리히를 자기 입맛에 맞게 왜곡할 수 있지만 그의 예술과는 무관한 일이다. 프리드리히의 예술에 대한 우리의 사랑은 변함없이 영원할 것이다. 그리고 프리드리히와 동시대인이었던 헤벨이 멋지게 표현했듯, 프리드리히의 예술은 공제하는 것 없이 총체적으로 사랑받기를 원한다.

1937년 1월 8일에 모자를 쓴 한 말쑥한 신사가 베를린 국립 미술관에 찾아와서 미술관장 에버하르트 한프슈탱글과 면담을 요청한다. 방문자 명단에는 이렇게 적혀 있었다. "마르틴 브룬, 〈바츠만산〉 그림 매각 제안(미상의 대가 작품)." 클립으로 꽂아놓은 명함에는 파리저슈트라세 27번지라는 주소에 줄을 긋고 "다름슈태터슈트라세 10번지"라고 고쳐 쓴 흔적이 있었다. 귀금속 무역회사 대표라는 그림의 소유주는 최근 베를린에서 덜 고급스러운 주택가로 이사할 수밖에 없는 처지가 된 터였다. 그가 "미상의 대가"가 그린 그림의 사진을 보여주자 미술관장 에버하르트 한프슈탱글은 자기 눈앞에 있는 것이 무엇인지 바로 알아본다. 그렇다, 그림의 창작자가 누군지 미술관장은 잘 알고 있었다. 카스파 다비트 프리드리히가 그린 그림 가운데 가장 큰 그림으로 꼽히는 그 대형 작품은 수십 년 동안 소재 불명 상태였다. 한프슈탱글은 브룬에게 이 그림은 프리드리히의 그림이라면서, 그림을 당장 사겠다고 말한다. 그리고 2만 5000라이히스마르크라는 합리적인 가격을 제안한다. 불과 24시간 뒤에 운송회사 하버링이 브룬의 집에 들려 그림을 받아다가 베를린 국립 미술관으로 가져온다.

이튿날 구매위원회가 소집되어 구매를 승인했지만 남은 예산이 1만 5000라이히스마르크밖에 안 되었다. 부족한 1만 라이히스마르크를 어디서 구할 것인가? 제국 수상의 예술 취향을 알고 있었던 한프슈탱글은, 다시 말해 히틀러가 산이 있는 낭만주의 그림을 특별히 좋아한다는 사실을 알기에 제국 수상 사무실 책임자인 오토 마이스너에게 탄원서를 보내면서 〈바츠만산〉 그림의 사진을 동봉했다. 불과 며칠 뒤인 1937년 3월 19일, 국립 미술관 구매서류에 중요한 문장이 추가된다. "총통으로부터 보조금 1만 마르크가 지급됨." 모든 사람이 이 사실을 알 수 있도록 아돌프 히틀러는 5월 9일자 『프랑크푸르터 차이퉁』 신문에 이 뉴스를 싣도록 한다. "최근 베를린 국립 미술관 관장은 개인이 소장하고 있어 오랫동안 소재를 알 수 없었던 〈바츠만산〉을 보게 되었으며, 미술관에서 그 그림을 구매하는 데 총통이자 제국 수상이 상당한 금액을 기부했다."

이 일은 모든 면에서 놀라운 사건이다. 카스파 다비트 프리드리히와 아돌프 히틀러의 연결고리를 보여주는 유일한 문서 기록이기 때문이다. 린츠에 설립될 총통 박물관을 위해 약탈된 그림에는 모든 기법의 독일 낭만주의 그림이 있었지만 프리드리히의 그림은 없었다. 아돌프 히틀러는 그 어떤 연설에서도 카스파 다비트 프리드리히를 언급한 적이 없다. 괴벨스가 우리의 프리드리히는 "셰프"가(괴벨스는 아돌프 히틀러를 늘 이렇게 불렀다) 특별히 사랑하는 화가라고 여러 번 언급한 적이 있을 뿐이다. 그러나 히틀러와 프리드리히 그림의 관계는 본질적으로 괴테의 경우와 똑같다. 히틀러에게 프리드리히의 그림은 너무 우울하고, 해석이 너무 열려 있다. 프리드리히의 그림이 독일의 정신을 정말로 고양시킬지 아니면 오히려 끌어내릴지 명확하지 않았다. 그러나 〈바츠만산〉의 경우는 완전히 달랐다. 〈바츠만산〉은 너무나 위풍당당하고 남성적이며 눈부신 모습으로 우뚝 서 있으며, 찬란하게 빛난다. 이 그림은 히틀러가 레니 리펜슈탈의 영화에서 몹시 사랑하는 저 숭고한 산행 체험을 찬미하는 그림으로 오해되기 쉽다.

그런데 더 결정적인 점은 따로 있었다. 프리드리히는 공교롭게도 히틀러가 1년 전에 주 거주지로 삼은 베르히테스가덴 근교의 베르크호프 테라스에서 바라본 시점과 똑같은 시점으로 바츠만산을 그린 것이다. 만약 그런 모습으로 은쟁반에 담아 가져온다면, 히틀러도 마다하지 않고 프리드리히의 그림을 사는 데 약간의 돈을 기꺼이 내줄 것이다. 모든 것이 맞아떨어졌다. 그러나 사실은 전혀 아니었다. 프리드리히가 그린 자연의 장엄한 아름다움은 자연의 창조자에 대한 찬미이자, 자연을 경외하는 인간으로서 겸허심을 고백한 것이기 때문이다. 그러나 히틀러는 똑같은 그림을 게르만-알프스적인 과대망상이 담긴 꿈을 펼칠 장엄한 무대로 이해한다.

이사야 벌린이 뭐라고 했던가? 정신적 유산이 다음 세대에 의해 정반대로 전도될 수 있다는 사실은 고통스러운 깨달음 가운데 하나다.

그런데 1937년에 이 그림을 베를린 국립 미술관에 판 그 모자 쓴 신사 이야기로 다시 돌아가보면 가슴이 정말 조여온다. 마르틴 브룬은 유대인이었는데, 프리드리히의 〈바츠만산〉이 여러 해 동안 걸려 있었던 그의 집은 빌머스도르프 유대인 공동체의 비밀 회합 장소이기도 했다. 브룬은 가족의 이민을 위해 돈이 필요했다. 물론 한프슈탱글은 그 사실을 총통에게는 비밀로 한다. 한프슈탱글은 자기 집에 어떤 보물이 있었는지조차 몰랐던 유대인 그림 소유자에게 정당한 대가를 지불했을 뿐만 아니라, 국립 미술관에서 〈바츠만산〉이 전시되던 해에 표현주의 작품들을 '퇴폐 예술'이라는 이유로 전시장에서 떼라는 지시가 떨어졌을 때 저항했던 사람이기도 하다. 그래서 그는 그 그림을 구매하고 불과 반년 만인 7월 26일에 해고당한다. 프리드리히가 "북유럽 인종"의 가장 위대한 거장으로 찬양받게 해준 〈바츠만산〉을 구매하는 데 쓰인 히틀러의 돈이 유대인 수중에 들어갔다는 소문이 퍼졌기 때문이기도 할 것이다. 그림의 소유주가 유대교인이라는 사실이 알려지자마자, 국가는 비열하게도 이른바 "유대인 재산세"라는 명목으로 브룬 가족의 돈을 출금 금지시켰다. 그래도 다행히 브룬 가족의 아이들은 판매수익금의 일부를 가지고 1938년에 영국으로 이민 갈 수 있었고 1941년에는 부모도 따라갈 수 있게 된다.

믿음은 산도 옮길 수 있다. 게다가 카스파 다비트 프리드리히의 믿음은 특별한 힘을 가졌다. 그렇다 해도, 1824년에 프리드리히가 이사한 지 얼마 되지 않은 안 데어 엘베 33번지 집 아틀리에에서 몇 달 만에 〈바츠만산〉이 우뚝 솟을 수 있도록 완성하는 데는 지원사격이 필요했다. 프리드리히는 바츠만산에 가본 적이 한 번도 없기 때문이다. 심지어 알프스를 본 적조차 없다. 고작 엘베 백악산맥, 하르츠산맥, 리젠산맥에 가봤을 뿐이다. 프리드리히는 본질적으로 훗날의 동독 지역 안에만 머물렀다. 그라이프스발트, 노이브란덴부르크, 뤼겐, 드레스덴, 모두 동독 지역이다. 그 보답으로 1974년에 동독에서 카스파 다비트 프리드리히의 기념우표도 발행된다.

그런데 어떻게 바츠만산이 드레스덴에 있는 프리드리히의 아틀리에에 등장했을까? 다른 알프스산들을 그렸을 때와 마찬가지로 지인들의 그림을 모델로 그린 것이었다. 카를 구스타프 카루스의 스케치를 바탕으로 빙하를 그린 것처럼, 자신의 애제자 아우구스트 하인리히의 수채화를 바탕으로 〈바츠만산〉을 그린 것이다. 아우구스트 하인리히는 1820년 빛에 대한 동경을 좇아 프리드리히의 아틀리에를 떠나 이탈리아로 향했지만, 폐병 때문에 알프스까지밖에 못 갔고 인스브루크에서 병들고 굶주려 죽고 만다. 그는 어쩌면 요절한 천재였는지 모른다. 그가 알프스에서 그린 수채화와 스케치들은 유럽 낭만주의 시대에 탄생한 작품 가운데 가장 대담한 작품으로 꼽힌다. 아우구스트 하인리히는 1821년 8월 15일 일기에 이렇게 쓰고 있다. "베르히테스가덴과 바츠만산을 두 번 스케치함. 하나의 그림에서 지배적인 특징과 정서적 분위기의 조화가 아주 중요하다."

아우구스트 하인리히가 죽고 나서 바츠만산 수채화를 본 카스파 다비트 프리드리히는 바로 이 지배적인 특징과 분위기의 조화를 만들어내고자 한다. 그는 하인리히의 스케치들을 모델로 삼아 기념비

적이라 할 수 있는 〈바츠만산〉을 완성한다. 그러니까 이 그림은 요절한 제자를 추모하는 그림이기도 하다. 그런데 캔버스에 오롯이 알프스산만 담는다면 그건 프리드리히가 아닐 것이다. 찬란하게 빛나는 거대한 산봉우리 아래 하인리히의 그림에서 보이는 것처럼 멜랑콜리한 어둠에 잠긴 아르헨코프와 그륀슈타인의 반짝이는 산등성이와 더불어 놀랍게도, 특이하게 생긴 산이 또하나 보인다. 그것은 바로 프리드리히가 14년 전인 1811년 6월 28일에 스케치한 하르츠의 트루덴슈타인이었다. 이 기암괴석을 남쪽으로 571킬로미터나 떨어진 곳에 옮겨놓은 것이다. 프리드리히는 바츠만산 앞에 그보다 낮으면서 인상적으로 생긴 작은 산이 하나 있으면 좋겠다고 생각했다. (프리드리히는 5년 전에도 트루덴슈타인을 옮겨놓은 적이 있는데, 그때는 동쪽으로 옮겨놓았다. 그렇게 해서 〈안개가 피어오르는 리젠산맥 풍경〉에서도 우뚝 서 있게 된다.)

우리의 프리드리히는 이렇게 믿을 수 없는 사람이다. 그는 한 번도 가본 적 없는 바츠만산을 마치 사진처럼 정확하게 그리면서도, 거기에 어울릴 것 같다는 이유로 하르츠에 있는 암석을 그 앞에 갖다놓는다. 그리고 우리는 그 그림을 아주 사실주의적인 풍경화로 여긴다. 그리고 히틀러는 자신의 별장 베르크호프 테라스에서 바라본 풍경이 떠오른다는 이유로 유대인 공동체의 회합 장소에 걸려 있던 그림을 베를린으로 가져오는 데 필요한 돈을 보탠다. 카스파 다비트 프리드리히와 그의 그림에 얽힌 이야기를 파고들다보면 점점 복잡해진다.

이제 잠깐 숨을 돌리자. 카스파 다비트 프리드리히는 안 데어 엘베 33번지 집 앞에 바람막이를 한 작은 정원을 만드는데, 정남향이어서 계속 햇빛을 받을 수 있었기에 작센 땅인데도 무화과나무가 잘 자라 무화과 열매 두 개가 열린다. 프리드리히는 뿌듯해하며 1822년에 아내 카롤리네에게 편지로 이 소식을 전한다. 그리고 이렇게 덧붙인다. "양파가 1미터 넘게 자라서 이제 씨앗이 맺혔소. 바질에는 꽃이 피었소." 1822년 7월 27일의 〈나의 아름다운 정원〉은 이 정도다.

조금 섬뜩한 일이 있는데, 제1차세계대전 때 이미 카스파 다비트 프리드리히가 독일의 수호자로 칭송받았다는 사실이다. 전시중이었던 1915년에, 노르웨이의 미술사학자 안드레아스 오베르가 카스파 다비트 프리드리히에 대해 쓴 획기적인 연구 결과물 1부가 『신, 자유, 조국』이라는 터무니없는 제목으로 출간되는데, 프리드리히의 '애국주의적인 그림들'을 다룬 책이었다. 오베르가 이 책을 집필하다가 죽었기 때문에 프리드리히에 관한 이 대작은 미완으로 남았다. 그러나 이 미완성 저서는 독일어로 쓰인 최초의 프리드리히 연구서다. 서문에서, "세계의 적대에 맞서 독일과 독일의 가장 신성한 유산을 수호해야 할 때" 이런 책을 출간하게 되어 기쁘다고 말한다. 물론 불쌍한 노르웨이인 오베르의 잘못은 아니지만, 독일이 무기를 들 때마다 사람들은 애국주의자 프리드리히와, 프랑스 점령군을 그린 프리드리히의 그림들을 떠올린다.

　카스파 다비트 프리드리히의 그림 중에는 완성도가 낮은 것도 있고, 애쓴 흔적은 보이지만 어설픈 것도 있다. 프리드리히의 그림이 모두 걸작은 아니다. 다행스럽게도 그는 신이 아니라 인간이었다. 그의 그림 중에서 특히 봐주기 어려운 것은 사랑을 표현하고자 한 그림들이다. 그런 그림들에는 주저하는 태도가 드러난다. 그리고 꿔다놓은 보릿자루같이 뻣뻣한 연인들이 풍경 속에 배치된다. 꽃으로 뒤덮인 정자에서 남자와 여자가 어색하게 껴안으려고 애쓰고 있다. 최악은 함부르크 미술관에서 소장하고 있는 세피아 그림 〈여름〉일 것이다. 그림에서 무슨 일이 벌어지고 있는지 누구나 알아볼 수 있도록 심지어 연인 뒤에 있는 나무들도 서로 껴안고 있다. 게다가 프리드리히는 서로 부리를 비비고 있는 비둘기 한 쌍까지 그림 전면에 배치했다. 감정에 취한 여자와 남자는 손을 맞잡고 있다. 프리드리히는 여전히 인물을 잘 그리지 못해서 머리는 너무 작고, 팔뚝은 뽀빠이 근육 같다. 프리드리히는 자신의 무능력이 눈에 잘 띄지 않게 하려고 연인의 하복부는 아예 가려버렸다. 상체만 보인다. 하복부 없는 사랑이라. 프리드리히의 예술적 이상과 맞아떨어지기는 한다. 그 때문에 프리드리히는 68세대한테 뭇매를 맞았다. 예술사학자 페터 라우트만은 프리드리히의 연인들에게 나타나는 "에로틱한 순간의 결여"를 비판한다. 이 모든 것은 당연히 프리드리히가 지닌 소시민성의 영향이고, 자기 껍데기를 벗지 못한 결과다. "나날의 성과 압박과 자유로운 성性의 억압을 통해서만이 사회적 상승이 가능하다." 안타깝게도 프리드리히가 어릴 때부터 정숙을 강조하는 아버지에게 주입받은 교육이다. 프리드리히는 사춘기 때 아버지한테 장식체 글쓰기 연습을 강요당했다. 1789년 1월 1일에 열다섯의 카스파 다비트는 이런 반성문을 써야 했다. "육욕을 다스려라. 감각의 쾌락보다 영혼의 완성을 우선시하라." 안타깝게도 프리드리히는 남은 생애 동안 아버지의 가르침을 아주 충실히 따랐다. 불쌍한 사람.

프리드리히는 어떤 모습의 대지를 원했을까? 보나 마나 인간이 없는 대지의 모습을 가장 좋아했을 것이다. 가장 가까운 친구들이 전하는 말에 따르면, 프리드리히는 혼자 있는 것을 가장 좋아했다고 한다. 프리드리히 본인은 이렇게 표현했다. "너희는 내가 사교 모임을 피한다는 이유로 나를 인간 혐오자라고 부르지. 착각하는 거야, 나는 인간을 사랑해. 그러나 인간을 혐오하지 않기 위해서는 교제를 피해야 하지." 글쎄. 어쨌든 프리드리히의 풍경화에 등장하는 인물들은 최후의 인간처럼 보인다. 자신의 종말을 앞두고 다시 한번 자연을 바라보려는 관찰자처럼 말이다. 프리드리히가 가장 많이 읽은 성경 구절이 요한묵시록인 것도 당연하다.

1825년에 프리드리히의 〈바츠만산〉이 처음 전시되었을 때, 잡지

『리테라리셰스 콘베르자치온스블라트』는 다음과 같이 당혹감을 드러냈다. "이 그림에 나타나는 완전한 고독은 섬뜩한 구석이 있다. 사람들은 적어도 독수리나 아니면 영양이라도 보고 싶어하지만 헛된 바람일 뿐이다. 공기와 빛 말고는 그 어떤 생명도 없다. 이 높은 곳에서 감정의 맥박은 멈추어 있다." 미술평론가 카를 퇴퍼는 이렇게 몸서리를 친다. "이 그림을 보면 고독이라는 감정, 위안 없는 암울한 공허감이 엄습함을 부정할 수 없다."

─

1945년 4월 12일 오전 10시 30분, 드와이트 아이젠하워 장군과 조지 패튼 장군은 미군이 점령한 튀링겐 메르커스에 있는 광산 깊숙한 곳으로 들어간다. 독일제국은 종말을 맞이하고, 미군들은 독일이 숨겨놓은 보물을 구경한다. 카이저로다 탄갱 깊숙이 암염층에 다다르자 한눈에 다 들어오지 않을 만큼 엄청나게 많은 금이 눈에 들어왔다. 지난 2월 베를린 제국은행이 이곳에 옮겨놓은 것이었다. 어디에 불빛을 비추든 온통 금궤뿐이었고, 자루에는 다이아몬드가 반짝였다. 아이젠하워가 제국의 보물을 발견한 것이다. 그런데 병사들이 장군들에게 두 가지 보물을 더 보여준다. 병사들은 베를린 박물관이 이곳에 보관해놓은 네페르티티 흉상이 있는 곳으로 장군들을 이끈다. 그리고 수직갱 천장에 닿을 듯 거대한 그림으로 장군들을 이끈다. 그들이 발견한 그림 가운데 가장 큰 그림이었다. 그 거대한 그림은 바로 카스파 다비트 프리드리히의 〈바츠만산〉이었다. 광산 안에 또하나의 산이 숨겨져 있는 셈이었다. 그로부터 불과 2주 뒤, 패튼 장군이 이끄는 미군은 탱크를 몰고 이 광산으로부터 577킬로미터 떨어진 베르히테스가덴으로 진격해, 아돌프 히틀러가 지내던 베르크호프의 테라스에서, 4월 중순 메르커스에서 본 것과 똑같은 모습의 바츠만산을 다시 보게 된다. 미군이 히틀러의 은신처에 이르렀을 때는 화창한 봄날 아침이었는데, 바츠만산이 그림처럼 비현실적으로 눈앞에 빛나고 있었다.

1800년 9월초, 카스파 다비트 프리드리히는 바구니를 하나 들고 작센의 프라이베르크 광산에 있는 관광용 탄갱으로 간다. 더운 날이었다. 게다가 오랫동안 산을 오르느라 땀을 많이 흘렸기 때문에 땅속에 들어오자 무척 시원하게 느껴졌다. 그리고 나서 그는 거의 여드레 동안 침대에 누워 계속 기침을 해댔는데, 마치 지옥에 있는 기분이었다.

68세대가 프리드리히를 용서하지 못하는 이유는, 그가 생각만 했을 뿐 실천하지는 않았기에 현실에서 진정한 혁명가는 아니었다는 점이다. 프리드리히의 예술은 전복의 예술이 아니었으며 그는 활동가가 아니었다. 그는 그저 당시 상황과 군주 지배 체제에 대해 불평했을 뿐. 그래, 그러기는 했지만 그는 고작 당대 전형적인 소시민에 불과했다는 것이다. "역사를 주도할 능력이 없었고" "수동성과, 역사의 순리에 대한 믿음 속으로" 도망쳤다는 것이다. 프리드리히는 "객관적 과정과 주관적 행위 사이의 변증법적인 관계"에 결코 이르지 못했다는 것이 68세대의 비판이다. 프리드리히가 붓 대신에 칼을 휘둘러야 했다고 그들은 요구한다. 그런데 그러기는커녕 프리드리히는 오히려 더욱 나쁜 짓을 저질렀다는 것이다. 그의 그림들에서 농민들이 안개처럼 들판을 떠돌고, 사람들이 바닷가에서 세상사 대신 하늘이나 바라보기 때문에, 바로 그렇기에 프리드리히는 "자기 계급, 다시 말해서 자기가 속한 소시민계급의 수동성을 이념적으로 합리화한다"고 페터 매르커스는 비난한다. 얼토당토않은 궤변이다.

프리드리히가 그린 인물들의 수동성은 다른 이들을 움직이게 만들기 위한 그의 전략이다. 바로 자신의 동시대인과 후세대인 우리를 움직이게 만들기 위한 것이다. 그림 속 인물들은 자신의 눈으로 세상을 보도록 우리를 초대한다. 그리고 바로 그를 통해서 세상을 바라보는 자기 나름의 눈을 갖도록 우리를 자극한다.

그 점을 누구보다 정확하게 이해한 것이 바로 덴마크 화가 빌헬름 함메르쉬이다. 그는 프리드리히를 재조명한 노르웨이의 미술사학자 안드레아스 오베르 덕분에 1900년 무렵 코펜하겐에서 프리드리히의 작품들을 볼 수 있었다. 특히 〈창가의 여인〉을 보고 함메르쇠이는 눈을 뗄 수가 없었다. 이 얼마나 굉장한 그림인가. 한 여인이, 바로 카롤리네 프리드리히가 창가에 서서 창밖을 내다보고 있다. 그녀가 창문을 가리고 있기 때문에 그림을 보는 관람자는 창밖을 볼 수 없다. 그 여인이 관람자의 시야를 가리고 있다. 그저 그 여인의 눈을 통해 창밖을 내다보는 수밖에 다른 도리가 없다. 그리고 여인의 시선과 우리의 시선이 그녀의 등에서 하나가 된다. 그렇게 우리는 여인 뒤에 있는 공간의 공허함과 여인 앞에 있는 세상의 충만함을 동시에 경험하게 된다. 함메르쇠이는 이 한 장의 그림을 토대로 자신의 미술 세계를 구축했고 그렇게 하여 자신의 학문적 고향인 코펜하겐에 프리드리히를 다시 불러들였다. 함메르쇠이는 공간에 있는 에너지를, 가려진 전망과 그 전망을 바라보는 여인을 통해 생겨나는 에너지를 그린다. 20세기의 문턱에서 함메르쇠이는 고요함, 정체된 공기, 정지된 시간을 그림으로 묘사하는 새로운 공식을 발견했다. 그러나 그 공식은 프리드리히의 언어로 되어 있다. 가끔 함메르쇠이의 그림에서 문이 열려 있는데, 이유도 없고, 목적도 없고, 의미도 없어 보인다. 함메르쇠이의 그림은 슬로모션의 카스파 다비트 프리드리히 그림 같다. 그 공간들은 입센, 스트린드베리, 체호프의 연극이 펼쳐졌을 법한, 아니면 펼쳐질 것 같은 무대처럼 텅 비어 있다. 우리는 이 고요한 공간에서 처음으로 뭔가를 볼 수 있었던 이가 카롤리네 프리드리히라는 사실을 잊으면 안 된다. 그녀는 길을 가로막고 있는 것이 아니라 우리에게 길을 안내해주고 있다.

프리드리히의 작품에서 인물들이 뒷모습으로 등장하는 이유는 어쩌면 아주 단순한 이유일지 모른다. 프리드리히가 엘스터베르다로 추정되는 소도시를 방문한 일을 생생하게 묘사한 글이 있는데, 은둔자 프리드리히가 이성에 전혀 관심이 없었다는 전설의 반증이 되는 글이기도 하다. 프리드리히는 이렇게 쓰고 있다. "그때 몇 달 전 여행중 이곳을 지나갈 때 보았던 그 예쁜 소녀들이 생각났다. 그래서 어두워지기 전에 서둘러 그 장소로 찾아갔다. 나는 조용한 골목길을 천천히 걷다가 예쁜 소녀들을 보았는데 전에 보았던 바로 그 소녀들이었다." 그러고는 결정적인 순간이 등장한다. 프리드리히는 그 소녀들이 집안으로 사라질 때까지 계속 바라보았다. "투명한 유리창을 통해 그 소녀들을 또렷하게 볼 수 있었다. 그리고 고개 숙여 다정하게 인사를 건네기가 무섭게 그 소녀들은 부끄러워하며 갑자기 몸을 돌려 사라졌다." 그러니까 지나치게 호기심 어린 시선에 부끄러워 몸을 돌려버렸기 때문에 프리드리히는 자신을 매혹한 여인들의 뒷모습을 그릴 수밖에 없었던 것이다. 그러니 엘스터베르다에 다음과 같이 기념비를 세우기를 요구한다. "이곳에서 카스파 다비트 프리드리히의 뒷모습 인물이 탄생했다."

새로 뒤셀도르프 미술 아카데미 학장으로 임명된 나사렛파 화가

이자 가장 유명한 종교 화가인 페터 폰 코르넬리우스가 1820년에 프리드리히의 아틀리에를 찾아왔을 때, 프리드리히는 시위하는 뜻에서 방에 하나밖에 없는 의자를 코르넬리우스에게 내주고는 자기는 바닥에 앉았다. 프리드리히는 고귀한 분이 방문해준 것에 경의를 표하기 위해서라고 말하지만, 사실 프리드리히는 나사렛파를 싫어했다. 프리드리히는 르네상스와 경건주의의 부흥을 외치는 그들을, 우유부단하게 과거와 현재 사이에서 갈팡질팡하는 그들을 경멸했다. 경건한 프리드리히는, 신앙의 부흥은 오로지 자연 그 자체를 통해, 창조주를 향해 열린 눈을 지닌 동시대인을 통해서만 가능하다고 믿었다. 프리드리히는 바닥에 웅크리고 앉아 있는 자신이 오히려 진실의 토대 위에 있으며 코르넬리우스는 사실 양다리를 걸치고 있을 뿐임을 알고 있었다.

지금 그의 머릿속은 완전히 엉망진창이다. 드레스덴의 어두컴컴한 아틀리에에서 그림을 그리던 카스파 다비트 프리드리히는 잠깐 눈을 감지 않을 수 없었다. 코르넬리우스는 마침내 돌아갔다. 내면의 눈앞에 하나의 이미지가 떠올랐지만, 너무 상이한 감정과 기억의 파편들이 밀려와 뭐가 뭔지 알 수 없었다. 뤼겐의 자스니츠 바닷가에 있는 자기 모습이 보인다. 높다란 너도밤나무가 길게 늘어서 있는 숲을 홀로 걷고 있다. 젊은 청년 시절의 모습으로, 삶에 지쳐 절벽에서 먼 곳을 바라보다가 마음의 평화를 느꼈을 때다. 그러다가 4년 전 백악절벽을 찾았을 때의 극적인 장면이 눈앞에 떠오른다. 폭풍우가 몰아치던 밤, 백악절벽의 돌출부에서 오도 가도 못한 채 목숨이 위태로웠던 친구 쿠머의 모습이 가물거린다. 친구에게 용기를 북돋아주기 위해 절벽 낭떠러지까지 기어올라갔지만, 세찬 비바람을 뚫고 친구 쿠머의 마지막 간절한 소망만 들려왔던 일을 지금도 기억한다. 이 밤에 백악절벽에서 살아남지 못하면 드레스덴에 있는 아내와 아이들에게 전해달라는 메시지였다. 근처에 있는 산림감독관에게 도움을 청하기 위해 달려가는 동안 등에 식은땀이 흐르던 것이 아직도 생생했다. 그날 밤 산림감독관 집의 문을 두들기던 일, 비에 흠뻑 젖은 채 기진맥진해 있는 쿠머를 둘이 함께 밧줄로 끌어올렸던 일을 아직도 정확하게 기억한다.

백악절벽을 생각할 때면, 자스니츠 북쪽 암벽 해안에 고대 게르만 거인의 가지런한 이처럼 새하얗게 우뚝 솟아 있는 그 모습이 눈에 선했다. 그러나 지난해 백악절벽을 다시 찾았을 때가 떠오르면 마음속에 미소가 피어오른다. 그때도 절벽 위에서 저 아래 청록빛으로 반짝이는 바다를 내려다보았다. 절벽에 파도가 부서지는 소리가 위에서도 아주 크고 세차게 들렸다. 집에서 덧창 너머 구불구불 유유히 흐르는 엘베강과는 아주 달랐다. 지난해에는 특별한 사람들과 함께 백악절벽을 찾았다. 갓 결혼한 아내 카롤리네와 신혼여행중이었다. 아내는 절벽에서 바라본 전망에 홀딱 매료되어 흥분을 가라앉히지 못했다. 그녀가 꿈을 꾸는 듯한 표정으로 가장자리에 피어 있는 작은 꽃을 꺾던 모습을 아직도 기억한다. 프리드리히가 사랑하는 동생 크리스티안도 아내 엘리자베트와 함께 그라이프스발트에서 이곳까지 와주었다. 네 사람이 자스니츠를 출발해 숲을 헤치며 걷는 동안 여인들이 자꾸 나무뿌리에 걸려 넘어지면서 신발을 잘못 신고 왔다고 계속 투덜대는 바람에 영원처럼 오래 걸렸다. 그러다 어느 순간 절벽에 이르자 말소리가 뚝 멈추었다. 모두들 감동에 사로잡혀 새하얀 백악과 짙푸른 바다를 넋 놓고 바라보았기 때문이다. 머리 위로는 푸르른 너도밤나무 가지들이 서로 얽히고설켜 있었다.

그래도 여자와 함께 여행하는 것은 쓸데없는 짓이라는 생각이 들었다. 다음번에는 다시 혼자 갈 셈이었다. 지금은 우선 이 그림을 그려야 한다. 그런데 이 온갖 감정과 거친 기억들을 어떻게 하나의 그림으로 녹여낼 수 있을까? 전혀 모르겠다. 프리드리히는 스케치북들을 훑으면서 예전에 그린 백악절벽 스케치와 수채화들을 뒤진다. 그는 절벽 모서리 하나하나 아주 정확하게 색칠한다. 그러자 마음이 안정된다. 이어서 절벽 오른쪽으로 내다보이는 거대한 너도밤나무들을 스케치한 적이 있다는 것을 생각해내고는 20년이나 된 스케치들을 열심히 뒤지기 시작한다. 프리드리히는 그림이든 인생이든 뭘 어찌해야 좋을지 모를 때마다 자연에 의지한다. 그림에 인물을 그려 넣는 일은 나중에 어떻게든 해결할 것이다. 아, 인간이란, 인간이 아예 없었더라면, 하고 프리드리히는 생각한다. 그때 문이 열리더니 아내 카롤리네가 문지방에 서서 묻는다. "점심식사 시간이에요, 건너올 거죠?"

1825년, 러시아 작가 알렉산더 투르게네프는 프리드리히의 아틀리에에서 오랫동안 이야기를 나누고 나서 프리드리히에 대해 이렇게 쓴다. "사람들은 그의 작품에 대해 꿈을 꿀 수는 있으나 명확하게 이해할 수는 없다. 그의 영혼도 정확한 답을 모르기 때문이다. 그것은 꿈이자, 밤에 잠잘 때 나타나는 환상이다. 본인 스스로 말하기를, 자기 생각도, 그 생각을 표현한 그림도 설명할 수 없다고 한다." 위안이 되지 않는가?

   〈뤼겐의 백악절벽〉은 오늘날 프리드리히의 그림 가운데 가장 유명한 작품일 것이다. 그리고 무엇보다 커다란 수수께끼이기도 하다. 우리는 프리드리히가 이 그림을 언제 그렸는지도, 누구를 위해 그렸는지도 알지 못한다. 프리드리히의 아틀리에를 방문한 수많은 사람이 "뤼겐 풍경"과 자스니츠 북부의 백악절벽 "슈투벤카머"에 대해 전하지만, 그림 전면에 있는 인물들에 대해 얘기한 사람은 아무도 없다. 이 그림을 봤다면 이 트리오를 못 보고 지나쳤을 리가 없는데 말이다. 왼쪽에는 꽃밭에 앉아 있는 여자가, 가운데에는 실크해트를 벗어둔 채 바닥에 엎드려 있는 남자가, 오른쪽에는 나무에 기대서서 먼 곳을 바라보는 남자가 있다. 이 세 사람이 누구인지 연구한 문헌들이 책장을 가득 채울 정도로 많이 있다.

그림 한가운데에서 낭떠러지 쪽으로 기어가는 남자가 정말 프리드리히 자신을 그린 거라면 도시 사람 같은 실크해트가 전혀 어울리지 않는다. 프리드리히는 뤼겐에 갈 때 그런 모자를 쓴 적이 한 번도 없다. 혹시 새신랑이 결혼식 때 쓰는 실크해트일까? 그러나 자기 자신을 그린다면 오히려, 이미 오래전에 금지되었는데도 프리드리히가 즐겨 그리던 옛 독일 의복을 입은 오른쪽 남자의 모습처럼 묘사했을 것이다. 오른쪽에 옛 독일 의복을 입고 있는 남자는 한가로이 먼 곳을 바라보고 있고, 가운데 있는 도시 남자는 허공을 응시하고 있다. 그리고 이 그림이 동생 크리스티안 부부와 함께했던 신혼여행 때 모습을 그린 것이라면 크리스티안의 아내 엘리자베트를 그림에서 빼버렸다는 것은 가정의 행복이 실패했음을 암시할 수밖에 없다. 다른 그림처럼 침묵하는 그림자 같은 뒷모습으로 그릴 수도 있었을 텐데 이 세 인물을 일부러 아주 적극적으로 형상화한 점도 굉장한 수수께끼다. 구체적인 인물은 아닐지라도 어쨌든 개성을 지닌 인물로 보인다.

그런데 이 그림에서 특이하게도 인물들이 강한 존재감을 풍기는 점이 오히려, 19세기에 이르러 이 그림을 그린 화가가 누구인지 잊히게 된 이유일지 모른다. 우리는 1890년부터 1900년 사이에 사람들에게 프리드리히라는 이름이 잊힌 거나 다름없었다는 사실을 잊으면 안 된다. 인상주의가 자연주의를 대체한 지 오래였고, 독일 시민 계급은 이제 아르놀트 뵈클린, 프란츠 폰 렌바흐, 한스 토마를 알아주고 그들의 그림을 벽에 걸었다.

세기 전환기의 베를린에서는 자연을 가장 대담하고 현대적으로 그려낸 격정적인 풍경화가 카를 블레헨이 다시 주목받았는데, 그를 숭배한 막스 리버만 덕분이었다. 블레헨의 풍경화에는 주로 키가 큰 인물들이 등장하여 그림에 생명을 불어넣었다. 1903년에 베를린의 렙케 경매 회사 카탈로그에 "뤼겐의 슈투벤카머 근교에 있는 바다 전망의 백악절벽. 당시 의복 차림의 세 인물도 등장함"으로 소개된 이 그림이 "카를 블레헨"의 그림으로 실리게 된 것도 이런 상황 때문일 것이다. 그렇게 해서 1915년에 이 그림이 렙케에서 다시 경매에 나왔을 때, 빌헬름 시대 독일에서 가장 중요한 미술 수집가이자 블레헨 그림을 많이 소장하고 있던 율리우스 프로인트가 이 그림을 구매한다. 프로인트는 유대계 독일인이었는데, 베를린 동부에 새로 조성된 바이에른광장 근처에 있는 자신의 웅장한 대저택 응접실에 이 그림을 건다. 그런데 그가 자꾸 새 그림을 사들였기 때문에, 이 그림은 어느 순간 응접실에서 아이방으로 옮겨진다. 1908년에 프로인트의 딸 기젤라가 태어났는데, 〈백악절벽〉 그림은 기젤라의 침대 머리맡에 딱 어울렸다. 〈백악절벽〉은 그곳에서 제1차세계대전의 전란을 무사히 피한다.

    1920년에 미술사학자 귀도 요제프 케른이 프로인트의 집을 방문했는데, 프로인트는 자랑스럽게 자기 소장품들을 보여준다. 손님이 여전히 성에 차지 않아 하자 프로인트는 열두 살짜리 딸 기젤라의 방으로 손님을 데려가 블레헨의 그림이라면서 〈백악절벽〉도 보여준다. 블레헨 전문가 케른은 그림을 보고 깜짝 놀란다. 케른은 이 그림이 프리드리히의 작품임을 알아본다. 미술사학자 쿠르트 카를 에버라인이 잡지 『게니우스』에 이 그림을 싣는데, 그렇게 하여 1920년에 〈백악절벽〉은 당시 혁명적이었던 컬러 인쇄로 세상에 처음 선보이게 된다.

1930년에 프로인트는 〈백악절벽〉을 빈터투어에 사는 미술품 수집가 오스카 라인하르트에게 팔게 되는데, 그 덕분에 이 그림은 무사할 수 있었다. 프로인트는 이민을 가야 할 상황에 처했다. 프로인트가 소장하고 있던 다른 미술품들은 1942년에 강제로 경매에 부쳐져 사방으로 흩어진다. 오랫동안 〈백악절벽〉이 걸려 있었던 프로인트의 집은 1945년에 폭격을 맞아 무너지고 말았다. 이 책을 집필할 때 하버란트슈트라세에 있는 프로인트의 집터를 찾아갔는데, 지금은 공터가 되어 있었다. 200년 전에 카스파 다비트 프리드리히가 그린 백악절벽이 있는 바다 위를 떠돌던 마법 같은 공기가 머무는 곳이자, 정확히 100년 전에 16년 동안 그 그림이 걸려 있었던 공간을, 이제는 텅 빈 허공을 나는 바라보았다.

훗날 기젤라 프로인트는 프랑스로 이민을 가 이름을 지젤로 바꾸고 아주 유명한 사진작가가 된다. 그녀가 처음 썼던 라이카 카메라는 베를린 바이에른광장에 살던 시절에 아버지가 사준 카메라였다. 파리에서 어디 출신이냐는 질문을 받았을 때 그녀는 미소 지으며 이렇게 대답한다. "저는 뤼겐의 백악절벽 아래에서 자랐습니다."

1903년 경매 카탈로그에 〈백악절벽〉의 소유주는 프로이센의 "게오르크 공"으로 되어 있었다. 꽤 흥미로운 사실인데도 잘 알려져 있지 않다. 게오르크 공과 프리드리히 사이에는 연결고리가 무척 많아서 카스파 다비트 프리드리히의 대표작이 1820년부터 19세기 말까지 숨겨져 있던 비밀스러운 은신처에 대해 더 많은 사실이 밝혀지리라 기대해봐도 좋을지 모른다. 게오르크 공의 어머니 빌헬미네 루이제 폰 안할트베른부르크는 예술 애호가였는데, 발렌슈테트에 있는 그녀의 친정 왕실의 궁정화가가 바로 프리드리히의 화가 친구 게르하르트 폰 퀴겔겐의 아들이었다. 그녀는 화가 카롤리네 바르두아와도 친밀한 관계였는데, 카롤리네 바르두아는 프리드리히와 빌헬미네 공비의 초상화를 그리기도 했다. 그리고 빌헬미네 루이제 폰 안할트베른부르크는 1821년에 휴양차 뤼겐에 가서 백악절벽을 본 적이 있다. 그러니 모든 것이 아주 잘 들어맞는다. 게다가 기록에 따르면, 프리드리히 빌헬름 3세의 조카이기도 한 그녀의 남편 프리드리히 폰 프로이센 공이 왕세자이자 프리드리히 작품 수집가인 프리드리히 빌헬름 4세의 권유로 카스파 다비트 프리드리히의 그림을 샀다. 이 그림은 베를린 빌헬름슈트라세에 있는 궁에 걸려 있었다. 그러나 문헌들을 살펴보면 안타깝게도 손글씨로 "십자가"라고 메모한 서류가 발견된다. 그러니 안타깝게도 그가 구매한 그림은 기독교를 모티프로 한 그림으로 보인다.

게오르크 공의 아버지 프리드리히 폰 프로이센 공은 굉장한 성

곽 애호가였는데, 새로운 프로이센 영토를 군사적으로 관리하기 위해서 아내와 함께 라인 지방으로 이주했을 때, 라인슈타인성을 이상적인 중세 성으로 개조했다. 그가 거주했던 예거호프성은 뒤셀도르프 사상계의 중심이 된다. 그러나 성의 재산 목록에도, 루이제 공비가 직접 자기 방들을 그린 수채화 수십 점에도, 그 어디에도 〈백악절벽〉은 보이지 않았다. 베를린에 있는 궁에도, 라인에 있는 성에도 그 그림은 걸려 있지 않았다. 따라서 1826년에 라인 지방에서 태어난 게오르크 공이 부모한테 그 그림을 물려받았을 때, 프리드리히의 그림이라는 메모는 유실되어버리고 19세기 말에 더 인기 있었던 "카를 블레헨"의 그림으로 잘못 표기되었는지도 모를 일이다. 아니면 게오르크 공이 그 그림을 블레헨의 작품으로 잘못 알고 베를린에서 직접 구매했을 수도 있다. 아무튼 게오르크 공은 제국시대 베를린에서 아주 괴짜였던 인물이다. 공공연히 멋을 부리고 다녔고, 자신의 동성애 성향을 맘껏 펼쳤으며, 베를린의 긴 하루를 동물원에서 산책하거나 역사극을 짓거나 수다를 떨며 보내다가 너무 지루해지면 가구와 그림을 몇 점 사고는 했다. 1902년에 게오르크 공이 죽자, 그가 소장하고 있었던 수많은 그림과 가구가 황제 빌헬름 2세의 수중에 들어갔지만, 〈백악절벽〉은 1903년에 렙케 경매에 나온다. 그 그림이 어디에서 났든, 렙케 경매회사가 이 작품을 20세기에 되살아날 수 있게 구원했으니 감사할 일이다.

길고 불안했던 1813년 여름에 프리드리히가 크리펜에서 나폴레옹만 만난 것은 아니다. 흥분과 불안으로 가득차 이리저리 돌아다니다가 가장 중요한 모티프 두 가지를 발견하기도 했다. 그 무렵 프리드리히는 날이 저물어 안전하다고 느끼면 장화 끈을 동여매고 엘베 사암산맥의 가파른 길을 오르곤 했다. 또렷한 정신으로 길가의 돌들을 바라보았다. 그로부터 200년 뒤, 사진가이자 작가인 프랑크 리히터가 카스파 다비트 프리드리히가 걸었던 길을 되짚었다. 그 덕분에 우리는 〈달을 바라보는 두 남자〉가 서 있던 거대한 사암덩어리가 크리펜에서 라인하르츠도르프 방향으로 가는 길목에 있는 퓌셸베크에 있다는 것을, 마을 끝자락에 있는 집을 지나면 바로 보인다는 것을 알게 되었다. 그러면 카스파 다비트 프리드리히의 전설적인 〈안개 바다 위의 방랑자〉가 서 있는 커다란 바위는 어디에 있을까? 그 바위는 카를루트비히 호흐가 발견했는데, 프리드리히의 『자연에 대한 경외』를 연구한 박사 학위 논문을 쓸 때였다. 그 바위는 크리펜에서 카이저크로네로 올라가는 산비탈에 별로 눈에 띌 것 없이 아주 조용히 자리하고 있다. 그 바위를 타고 기어올라가면 계곡을 내려다볼 수 있는데, 운이 좋으면 계곡에서 안개도 피어오를지 모른다.

4.
공기

카스파 다비트 프리드리히는 아틀리에에 찾아오는 손님을 늘 환영한다. 손님이 찾아오면 항상 자기 의자를 내어준다. 아틀리에에는 의자가 하나뿐이다. 프리드리히는 손님에게 자기가 지금 그리고 있는 그림을 보여주고, 옆에 있는 작은 방에서 이전에 그린 그림들을 가져오기도 한다. 프리드리히는 자기 그림에 관해 이야기하는 것을 좋아한다. 그리고 무엇보다 그림이 팔리기를 늘 바란다. 프리드리히의 아틀리에에는 들락날락하는 사람들로 활기가 넘친다. 한번은 프리드리히가, 방금 아틀리에에서 동시에 러시아어, 프랑스어, 영어로 대화가 오갔다고 편지에 쓴 적도 있다. 안 데어 엘베 33번지 집은 늘 오픈하우스다.

그러나 예외가 있다. "지금 그이가 하늘을 그리고 있어요. 지금은 그이를 방해할 수 없습니다. 아시다시피 하늘을 그리는 일은 그이에게 예배와도 같기 때문이에요." 현관 초인종을 누른 손님에게 프리드리히의 아내가 이렇게 말한다. 정말이다. 그녀는 정확히 이렇게 말했다.

─

카스파 다비트 프리드리히는 1774년 9월 5일 새벽 세시 반 그라이프스발트에서 특별한 별자리로 태어났다. 그는 처녀궁에 처녀자리다. 점성술사라면 이런 별자리를 타고난 사람은 그럴 수밖에 없다고 말할 테지만, 정확성과 질서에 대한 프리드리히의 강박을 확인하고 싶은 사람은 프리드리히의 친구 케르스팅이 프리드리히의 아틀리에를 그린 그림을 보면 된다. 진부하게 들릴지 모르지만 방금 빗질한 듯 깨끗하다. 의자 하나, 이젤 하나를 제외하고는 아무것도 없다. 바닥은 벽처럼 반질반질하다. "청결은 기분좋게 하네." 일찍이 프리드리히가 서툴지만 감동적인 시에 쓴 표현이다. 그는 다른 연에서 다시 한번 강조한다. "나는 깨끗한 게 좋네." 프리드리히는 훗날 그림과 공간에서도 "가장 아름다운 청결"을 찬미한다.

그러므로 맥주순수령이 아니라 그림순수령이라 할 수 있겠다. 방문객들은 그렇게 드나들어도 물건은 딱 세 가지만 아틀리에에 들였는데 바로 삼각자 한 개, 일자 자 한 개, 직각자 한 개였다. 프리드리히는 이 도구들을 이젤 옆 벽에 걸어두었다. 이 도구들을 사용해 정확한 수학 계산을 거쳐 황금비율에 따라 그림을 그린다. 그의 그림에서 감정, 동경, 신에 대한 사랑, 있는 그대로의 자연만 보고 싶겠지만, 처녀자리인 프리드리히는 사실 완벽주의와 밀리미터 단위의 정확성을 바탕으로 그림을 그린다. 역시 처녀자리인 괴테와 프리드리히가 처음에 그렇게 강하게 결속될 수 있었던 것도 보나마나 질서를 중시하는 성향 탓일 것이다. 괴테는 전 세계를 하나의 고차원적인 체계로 묶고 싶어했다. 그러나 전갈궁이었던 괴테는, 프리드리히가 자기가 바라는 대로 "교화적"이고 "유쾌한" 그림을 그리기를 거부하자 처녀궁인 프리드리히에게 독을 쏘았다.

프리드리히는 별, 행성, 달을 사랑한다. 프리드리히는 이 천상의 지배자들을 숭배한다. 그러나 이 천상의 지배자들의 힘은 믿지 않는다. 오로지 신의 힘만 믿을 뿐이다.

프리드리히 탄생 200주년이 되는 해인 1974년에 동독에서 프리드리히 기념 특별우표가 발행된다. 프리드리히는 운좋게도 훗날의 동독 지역에서 태어났을 뿐만 아니라, 그곳에서 평생 살았으며, 그곳을 떠나 서독 지역이나 외국으로 여행할 의사를 드러낸 적도 없다. 이탈리아 여행은 꿈조차 꾸지 않았다. 그런 이유로, 드레스덴 미술관의 신 거장 회화관 카탈로그에는 엉뚱하게도 프리드리히가 마르크스주의적인 인간상, 다시 말해 사회주의적 사실주의의 선구자로 찬미되기까지 한다. 프리드리히가 인간은 "군주의 종"이라고 말한 적이 있지 않은가? 거 봐라, 하는 식이다. 천사마저도 "연말용 날개 인형"에 불과하다고 말하는 동독인지라 프리드리히를 이해하는 열쇠가 되는 종교 문제는 단 한마디도 언급되지 않는다. 그러나 인쇄 전날, 프리드리히에 관해 조예가 깊은 큐레이터 한스 요아힘 나이트하르트는 프리드리히가 깊은 신앙심, 예수 부활에 대한 믿음, 기독교적 구원에 대한 기대를 가지고 있었다는 사실을 카탈로그에 슬쩍 집어넣는 데 성공한다. 종교적 측면을 빼고는 카스파 다비트 프리드리히라는 예술가를 제대로 이해할 수 없다는 것을 나이트하르트는 알고 있었다. 관장이 이 사실을 알았을 때는 이미 카탈로그가 인쇄된 뒤였다. 이 일로 큐레이터 나이트하르트는 비기독교적인 경고를 받았고, 관장은 사회주의 공로 훈장을 받는다. 같은 해인 1974년에 나이트하르트는 함부르크에서 열린 서독 미술사학자의 날 행사에 참석하게 되는데, 그곳에서 프리드리히에 대한 논쟁을 보면서 자기 눈을 의심하지 않을 수 없었다. 1970년대 초에 서독 학계의 주요 학자들이 프리드리히를 마르크스-레닌주의 관점에서 바라보는 데 가장 앞장서 있었다. 그 무렵 헬무트 뵈르쉬주판이 펴낸 프리드리히의 주요 작품집에서 자작나무든, 전나무든, 닻이든, 어디에서나 기독교적인 천국과 부활의 상징을 발견하려고 한 것 때문에 비평가들이 격분한 일도 있다. 서독에서 프리드리히에게 마르크스주의적인 이미지를 부여하기 위해서 얼마나 격렬히 싸우고 있는지 동독이 알면 기뻐할 텐데, 하며 나이트하르트는 미소 지었다.

괴테는 카스파 다비트 프리드리히가 이상하다고는 생각하지만 한번 더 기회를 주려고 한다. 이 화가가 "그릇된 길"을 가고 있는 것 같지만, "그의 용기에 찬물을 끼얹기 위해" 프리드리히의 그림을 부쉈다는 사실을 부아스레 형제에게 고백하기도 했지만, 뭐 좋다. 이번에는 이 괴상한 프리드리히에게 정말 도움을 줄 수 있을 것 같기 때문이다. 괴테는 최근에 영국의 기상학자 루크 하워드에게 몹시 매료되었는데, 이 기상학자는 손에 잡히지 않을 것 같았던 구름을 마침내 포착하여 처음으로 체계적으로 분류해냈다. 층운, 권운, 적운 등등, 하늘에 떠다니는 형언할 수 없는 물체에도 마침내 이름이 생긴 것이다. 괴테는 너무나 감격스럽고 감사한 마음에 곧장 꽤 어설프고 구름처럼 아주 애매모호한 시를 짓는다.

그리고 나서 괴테는 화가 프리드리히의 마음도 사로잡은 아름다운 친구 루이제 자이들러에게 부탁해서 이 세 가지 주요 구름 형태를 일종의 도표처럼 그려줄 수 없겠느냐고 프리드리히에게 물어봐 달라고 한다. 그러면 창밖을 내다보지 않아도 늘 눈앞에 두고 볼 수 있을 거라면서. 프리드리히가 그럴 능력이 충분하다는 것을 루이제 자이들러는 물론 괴테도 잘 알고 있었다. 심지어 프리드리히가 다정하게도 여러 번 자기 그림에 "하늘"을 그려주었다고 루이제 자이들러는 솔직하게 말한 적이 있다.

프리드리히가 수년 동안 고대했던 순간이었다. 시성 괴테가 일을 의뢰한 것이다. 게다가 별로 어려운 일도 아니었다. 프리드리히와 화해하려는 것이 분명했다. 그런데 바로 이 순간 프리드리히가 마음에 드는 행동을 한다. "아뇨, 전 못합니다"라고 거절한 것이다. 그러면서 "제 예술관과 맞지 않습니다"라고 덧붙인다. 하늘에 대한 자기 생각과도 맞지 않다고 생각했을 것이다.

1816년 10월 8일, 구름이 잔뜩 낀 날에 루이제 자이들러는 바이마르에 있는 괴테에게 편지를 써, 괴테의 요청 때문에 프리드리히의 온유한 성격에 분노의 먹구름이 꼈다고 전한다. 자이들러는 괴테에게 나쁜 소식을 전하고 싶지 않아서 애매하게 말을 돌린 것이다. 누가 당대 신이나 다름없는 이에게 거절의 소식을 전하고 싶겠는가. 자이들러는 괴로운 마음으로, 유감이지만 프리드리히가 "이 체계에서 풍경화의 전복"을 보았다고 전한다. 유감스럽게도 자이들러는 바이마르에 있는 추밀고문관 괴테에게 프리드리히가 "가볍고 자유로운 구름을 이 질서에 억지로 끼워넣어 노예처럼 만들까봐 두려워한다"는 소식을 전할 수밖에 없었다. 엄격한 가정교사처럼 자이들러는 카스파 다비트 프리드리히를 "무례한 사람"이라고 부른다.

아, 그렇지만 프리드리히가 예의를 차리지 않은 것이 얼마나 잘한 일인가. 프리드리히에게 하늘은 신비롭고 신성한 공간이다. 암석과 천체의 질서를 그토록 중요하게 여기는 시성 괴테의 바람대로 하늘을 과학 교육자료로 만들어 명예를 더럽힐 수는 없었다. 괴테는 하늘도 일목요연하기를 원했다.

작가 랄프 로트만은 구름이 가득한 『비의 이론』에서 괴테와 프리드리히의 관계를, 다시 말해 고전주의와 낭만주의의 관계를 가장 간결한 수학 공식으로 표현했다.

고전주의: A 더하기 B는 C와 같다.
낭만주의: A 더하기 B는 무한대와 같다.

아침저녁으로 엘베강을 따라 산책하다보면 시골길에도 도시에도 거룩하고 엄숙한 고요가 내려앉아 있을 때가 많다. 프리드리히는 안개가 모든 것을 뒤덮거나 감싸버려서 현실이 덜 강렬하게 느껴지는 순간을 가장 좋아한다. 구시가지와 신시가지 모두 자욱한 안개에 잠기고 뾰족한 교회 첨탑만 우뚝 솟아 있다. 프리드리히가 이런 말을 한 적이 있다. "어떤 곳이 안개에 휩싸이면 더 거대하고 더 숭고해 보이고, 마치 베일을 쓴 소녀처럼 상상력을 높이며 기대를 고조시킨다." 그렇다. 프리드리히는 자연이 자기 얼굴에 베일을 쓰는 것을 좋아한다. 그리고 그 순간 프리드리히가 베일을 쓴 소녀를 떠올렸다는 것은 그것이 에로틱하게 느껴졌다는 소리와 다를 바 없다. 그는 안개처럼 희미한 것을 아름답다고 생각한다.

프리드리히는 더위를 싫어한다. 바다의 남자로서 공기는 아무리 차가워도 부족하다. 심지어 동생 하인리히가 선물한 모피 코트를 입으면 영하 20도라는 혹한의 날씨에도 오래도록 산책할 만큼 무모해진다. 집에 돌아오면 코트에서는 서리가, 빨간 구레나룻에서는 얼음이 떨어진다. 그래도 그는 개의치 않는다. 이튿날에도 또 산책하러 나간다. "이렇게 몸을 꽁꽁 싸매고 겨울에 맞서는 것이 무한한 기쁨을 주기" 때문이다.

냉정과 열정 사이를 오가는 괴테와 카스파 다비트 프리드리히의 이야기는 아직 끝나지 않았다. 때로는 비극이고 때로는 희극인 이 끝없는 연극의 새로운 막이 1994년 7월 27일 무더운 여름날 저녁 프랑크푸르트에서 시작된다. 프랑크푸르트에 있는 쉬른 미술관에서 '괴테와 예술' 전시회가 열리고 있었는데, 그날 저녁 두 남자가 미술관에 숨어든다. 어둠이 깔리자 두 사내는 경비원을 제압하여 마스터키를 빼앗은 다음 밧줄로 묶어 창고에 가둔다. 그러고는 전시중인 그림 가운데 영국의 낭만주의 화가 윌리엄 터너의 그림 두 점과 프리드리히의 그림 〈짙은 안개〉를 훔치는데, 그저 우연히 터너의 그림 옆에 걸려 있었던 데다 가지고 간 커다란 주머니에 아직 공간이 남아 있었기 때문이었다. 그러니까 프리드리히는 이른바 부수어획물인 셈이다. 두 남자는 주머니를 가지고 화물용 엘리베이터에 올라탄 다음, 훔친 열쇠로 프랑크푸르트 대성당 방향의 문을 열고 밖으로 빠져나간다. 그리고 밤의 어둠 속으로 사라진다. 당시 그 세 점 그림의 보험가는 6200만 마르크에 달했다.

도둑들이 미술관에서 나와서 미리 주차해놓은 차에 훔친 그림들을 차곡차곡 쌓는 것을 본 목격자가 있었다. 목격자는 경찰을 부르려고 가까운 공중 전화박스로 달려갔지만 사람들 무리가 앞을 가로막고 있었다. 축제 때문에 경찰이 불법 주차된 자동차들을 견인한 일로 항의하는 자동차 운전자들이었다. 아무도 목격자 여인에게 길을 내주지 않아서 마침내 경찰서에 신고했을 때는 이미 도둑들이 오래전에 사라진 뒤였다.

그런데 이걸 정말 절도라고 할 수 있을까? 괴테 전시회에 프리드리히의 그림을, 그것도 하필 안개 자욱하고 우울한 그림을 건 일이 오히려 큰 실수였던 게 아닐까? 하늘은 온통 무질서한 구름으로 가득하다. 구름이 자기 이야기를 들려주는 듯하다. 그리고 저멀리 구름 뒤로 영원의 빛이 빛나고 있다. 수많은 까마귀들이 날아오르는 드레스덴의 저녁 하늘을 그린 그림인데, 까마귀들이 긴장된 정적과 그리움에 사무친 우울함을 풍기는 마법 같은 분위기를 더해주고 있다. 우리가 프리드리히의 그림에서 특히 좋아하는 요소이자, 괴테가 무척이나 싫어하는 요소이다.

따라서 1994년 7월 28일에 신원 미상의 두 남자가 전시장에서 이 그림을 가져간 일이, 문화사를 잘 모르는 사람들이 주장하는 것처럼 진짜 "절도"라고 할 수 있는지 정말 따져봐야 한다. 법률적으로 볼 때 "형법 제32조에 따른 정당방위" 아니면 적어도 "형법 제34조에 따른 정당한 비상사태"가 아니었을까? 프리드리히의 그림이 위험에 빠지기 전에 도둑들이 막은 것이다. 그들의 행위를 "인질 해방"으로 볼 수도 있다. 프리드리히의 그림은 괴테 전시회에서 틀림없이 인질처럼 느껴졌을 것이다. 그러니 도둑들이 잘못된 친구한테 "이용당하는 것에서 구출"해준 것이다. 그 과정에서 경비원을 묶고 그림을 훔친 것은 사실이지만 "민법 제904조에 따른 공격적인 비상사태"를 적용할 수 있을 것이다. 그러나 이 도난 사건 재판에서 이 가운데 그 어느 것도 적용되지 않았고, 두 도둑은 결국 8년형과 11년형을 선고받는다. 안타깝게도 그들의 변호인은 문화사를 잘 알지 못했다. 알았다면 '괴테와 예술' 전시회 카탈로그에 있는 다음 문장을 증거로 제시했을 텐데 말이다. 이 문장은 이 그림이 '괴테와 예술' 전시회에 전혀 어울리지 않는다는 것을 분명하게 보여준다. "〈짙은 안개〉는 대기 현상에 대한 프리드리히의 관심과 기상학에 대한 괴테의 관심이 서로 맞지 않았다는 사실을 보여주는 본보기다."

도난 사건이 알려진 그날 밤, 충격에 휩싸인 프랑크푸르트 쉬른 미술관 관장이 전화번호 안내원에게 문의하여 프리드리히의 〈짙은 안개〉 그림을 대여해준 함부르크 미술관 관장에게 연락을 취한다. 미술관 관장이 전화를 받지 않자, 자동 응답기에 비극적인 소식을 남긴다. 이튿날 아침에도 연락을 시도했지만 역시 받지 않았다. 아직 핸드폰이 없던 시절이라 또 자동응답기에 메시지를 남긴다. 점심 때 함부르크 미술관 관장이 전화하여 당황한 목소리로 왜 여태 자기한테 전화하지 않았느냐고 따지자 프랑크푸르트 미술관 관장은 당혹스러워한다. 알고 보니, 함부르크 미술관 관장과 동명이인의 치과의사한테 전화를 걸어 자동응답기에 메시지를 남긴 것이었다.

세상을 떠들썩하게 만든 도난 사건의 범인들은 꽤 빨리 잡혔다. 그들은 어리석게도 화물용 엘리베이터 문에 지문을 남겼고, 전과가 있었으며, 경찰에 이미 알려진 인물들이었다. 그들은 프랑크푸르트 기차역 부근에서 체포되었다. 그러나 훔친 물건은 흔적도 찾을 수 없었다. 감옥에 갇힌 그들은 하수인이었을 뿐 배후 인물은 완전히 어둠 속에, 프리드리히의 그림처럼 "짙은 안개" 뒤에 숨어 있었다. 재미있는 사실은, 가끔 안개가 걷히고 밝아지는 것 같다가도 조금 뒤에 더 많은 안개가 몰려와 짙은 안갯속에 전부 가려버린다는 것이다.

배후 인물은 별명이 "스테보"인 유고슬라비아 암흑가의 보스로 추정되었다. 그는 프리드리히와 터너의 그림을 스페인 남부 도시 마르베야로 급하게 팔려고 했으나 뜻대로 되지 않자, 일이 잠잠해질 때까지 그림들을 어딘가에 숨겨두려고 했던 것으로 보인다. 스테보는 세 점의 그림을 자신의 벤츠 트렁크에 숨긴 뒤 요제프 S.의 작은 자동차 정비소로 간다. 하루 절반을 자동차 밑에 누워서 보내는 요제프 S.는 빈 출신의 정비사였는데, 수년 전부터 유고슬라비아 암흑가 거물들의 차를 수리해왔다.

요제프 S.의 정비소는 뒷마당에 있어 눈에 잘 띄지 않았다. 프랑크푸르트 오스트엔트 지구에 있는 광활한 동물원 부지 바로 건너편이었다. 요제프 S.가 자동차 밑에 누워 일할 때면 늘 건너편에 있는 거대한 새장에서 새들이 우는 소리가 들렸고, 날이 어두워지면 가끔 아프리카 들개들이 짖는 소리도 들렸다.

1994년 8월에 스테보는 자기가 신뢰하는 자동차 정비사에게 천으로 감싼 세 점의 그림을 겨울용 타이어 사이에 보관해줄 수 없겠느냐고 부탁한다. 요제프 S.는 문제없다고, 나중에 법정에서 증언해야 할 일이 생길지도 모르겠지만 일종의 "애프터서비스"라고 말한다. 나중에 증언하기를, "그 유고 사람이 그것들을 차라리 타이어 뒤에 놔줄 수 있어?" 하고 물었고, 당연히 그렇게 해주었다는 것이다.

연방범죄수사국은 스테보가 세간의 주목을 끈 그림 도난 사건의 주모자라는 단서를 입수했고, 브로커를 이용해 스테보에게 접근하려고 시도했지만 실패한다. 그로부터 얼마 지나지 않아 연방범죄수사국은 프랑크푸르트에 있는 스테보의 단골 술집 '춤 블라우엔 바서'에서 그를 체포했는데, 스테보는 잠시 맥주를 다 마시고 가게 해달라고 부탁해 형사들을 어이없게 만든다.

스테보는 구금되었지만 증거 부족으로 이튿날 바로 풀려난다. 그는 에트가 리브룩스라는 이름의 아주 유능한 변호사를 두었다. 체크무늬 재킷에 넥타이 차림을 즐겨하는 리브룩스는, 아버지는 철학자이고 어머니는 조각가이며, 프랑크푸르트 암흑가와 인맥이 좋은 걸로 정평이 나 있는 형사 전문 변호사였다. 몇 년 뒤, 도난당한 터너의 그림 두 점이 다시 나타날지 모른다는 희망을 아직 버리지 못한 런던의 테이트 갤러리가 최고 전문가를 프랑크푸르트로 보낸다. 바로 록키라고 불리는 비밀 요원 유레크 로코싱스키였는데 예술품 도난 사건 분야의 명탐정 칼레*였다. 터너의 그림을 되찾기 위해 프랑크푸르트에 온 유레크 로코싱스키는 프랑크푸르트 베스트엔트 지구에 있는 리브룩스의 사무실을 찾아간다. 도난당한 터너의 두 그림은 프리드리히의 그림과는 반대로 괴테와 밀접한 관련이 있었다. 괴테의 색채 이론에 영향을 받아 그린 그림으로 제목도 〈빛과 색〉〈그림자와 어둠〉이다.

록키가 리브룩스를 찾아가 터너의 그림을 찾는 일을 도와달라고 부탁하자, 세상에 닳고 닳은 리브룩스는 이 일이 자기한테 록키 호러 픽쳐 쇼가 되지 않도록 먼저 프랑크푸르트 검찰로부터 "초법적 비상사태"를 적용해줄 것을 확약받는다. 검찰은 배후 인물 형사 소추를 그림을 되찾은 뒤로 미루기로 합의한다. 갑자기 예술이 그런 초법적 역할을 할 수 있다니 얼마나 멋진가. 또한 리브룩스는 자기가 브로커로 나섰다가 장물 은닉죄로 기소되지 않게 해줄 것을 약속받는다. 도움을 준 일로 처벌당하면 말도 안 되니까(그러나 그와 비슷한 상황이 벌어진다).

원하던 약속을 받아내자 리브룩스는 일에 착수한다. 그가 사전에 얼마나 알고 있었는지, 도대체 무엇을 알고 있었는지는 지금까지도 알려진 바가 전혀 없다. 에트가 리브룩스는 아주 깜깜한 길을 헤매

---

* 아스트리드 린드그렌의 작품 주인공.

면서 애매한 단서들을 추적한 끝에 어느 날 밤 두 브로커를 만나게 된다. 그 브로커들은 리브룩스의 눈을 띠로 가리고 어딘가 데려가더니 오펜바흐 근교에 있는 숲속 오두막에 도착해서야 비로소 띠를 벗겼다. 깜깜한 한밤중이었다. 그곳에서 리브룩스는 도난당한 터너 그림 가운데 한 점을 아주 잠깐 볼 수 있었다. 상황에 어울리게도 〈그림자와 어둠〉이라는 제목의 그림이었다. 그러고 나서 두 그림이 다시 겨울 타이어 사이의 안전한 은신처로 돌아갔는지 아니면 오펜바흐의 숲속 오두막에 남아 있었는지는 아무도 모른다.

우리가 아는 사실은, 리브룩스가 테이트 갤러리한테 그림값으로 각 500만 파운드를 약속받았다는 점이다. 그리고 프랑크푸르트에 있는 자신의 사무실에서 2000년에 첫번째 터너 그림을, 2002년에 두번째 터너 그림을 런던 미술관 관계자들에게 넘겨주었다는 점이다. 그는 첫번째 그림값을 불투명한 비닐종이에 담아 차일 보행자 전용 구역을 건너 브로커들에게 가져다주었다. 어쩌면 브로커의 브로커이었을지도 모른다. 누가 알겠는가. 두번째 그림값은 바트 홈부르크에 있는 공원 벤치에서 서류 가방에 담아 넘겨주었다. 그 브로커들은 누구였을까? 리브룩스는 법정에서 그들을 그저 "사람들"이라고 불렀다. 어쨌든 터너의 그림 〈그림자와 어둠〉은 수년에 걸친 숨바꼭질에 딱 어울리는 제목이다.

카스파 다비트 프리드리히의 〈짙은 안개〉 역시 수년 동안 오리무중에 빠져 있는 추적 상황에 딱 맞는 제목이었다. 사실 모두 희망을 버렸었다. 보험회사는 그림의 소유주인 함부르크 미술관에 피해 보상금 190만 마르크를 이미 지급했고, 함부르크 미술관은 그 돈이 시 예산으로 돌아가지 않도록 곧바로 새 그림을 샀다.

그런데 도난 사건이 일어난 지 9년이 지난 2003년 1월 초, 다소 지쳐 보이는 두 남자가 에트가 리브룩스의 변호사 사무실을 찾아오는데 바로 요제프 S.와 그의 친구 하르트무트 K.였다. 두 사람은 초췌했고, 못해도 예순 살은 되어 보였다. 그들은 사건 당시 터너의 그림을 겨울 타이어 사이에 보관했었다고 주장하면서 세번째 그림, 다시 말해 카스파 다비트 프리드리히의 그림을 아직 가지고 있다고 했다. 그림을 맡겼던 "소유주들"은(그들은 그렇게 불렀다), 이미 오래전에 프랑크푸르트를 떠났다면서, 더이상 그림을 보관하고 싶지 않다고 말했다. 오랫동안 요제프 S.에게 벤츠 수리를 맡겨왔던 유고슬라비아 암흑가 지부는 이제 전고가 높은 SUV를 타거나 사라져버렸기 때문에, 지금은 자동차 정비소도 그만두고 프랑크푸르트 기차역 부근에서 여관을 운영하고 있다고 했다. 그는 함부르크 미술관에서 그림값을 받아 친구와 함께 쿠바로 떠나 새로운 인생을 시작하고 싶다고 했다. 리브룩스가 중간에서 함부르크 미술관과 연락을 취하면서 그림을 확보하려고 시도했다. 매주 그림의 흥정액은 떨어졌고, 어설픈 두 범죄자는 충격에 휩싸였으며, 추적당하고 있다고 느껴 빨리 하바나로 떠나고 싶어했다. 요제프 S.는 그곳에서 쿠바 시민권을 얻기 위해 스무 살 여자와 결혼한 듯하다. 카스파 다비트 프리드리히의 아내도 스무 살 가까이 더 어렸으니 그 정도는 그냥 넘어가자.

장물 은닉자들은 처음에 150만 유로를 요구했지만 흥정 과정에서 결국 25만 유로까지 떨어진다. 함부르크 미술관도 그 돈을 기부해줄 후원자를 먼저 찾아야 했기 때문에 리브룩스가 일단 스위스에서 돈을 빌려 선지급한다.

리브룩스는 프리드리히 그림을 어디에서 받았는지에 대해 법정에서조차 절대 밝히지 않았다. 어쨌든 2003년 7월 16일 늦은 오후, 리브룩스는 벤츠 컨버터블을 타고 미지의 장소로 가서 더러운 천에 덮여 있는 프리드리히의 그림을 가지고 돌아왔다. 그림을 보관할 데가 마땅치 않아서 널따란 변호사 사무실 구석에 있는 그랜드 피아노 뚜껑을 열고 그림을 집어넣은 다음 다시 뚜껑을 닫았다. 앞으로 몇 주 동안은 피아노를 치지 않으리라.

리브룩스가 함부르크 미술관 관장에게 전화해서 프리드리히 그림을 확보했다고 전하자, 관장은 몹시 당황한다. 25만 유로를 기부하기로 했던 후원자가 너무 부담을 느껴 발을 뺐을 뿐만 아니라, 이미 오래전에 써버린 190만 유로를 보험회사에 돌려줘야 할 판이었기 때문이다. 리브룩스는 잡범들에게 내어준 25만 유로 빚을 떠안고 프리드리히의 그림 위에 앉아 함부르크 미술관으로부터 은닉에 대한 추궁을 당했다. 협상은 교착상태에 빠진다. 프리드리히 그림은 피아노 속에 있고 그는 25만 유로를 갚아야 한다. 강철 신경을 가진 리브룩스조차도 슬슬 초조해졌다. 8월 26일에 리브룩스는 피아노 뚜껑을 열어 천에 싸인 프리드리히 그림을 집어들고 사무실에서 얼마 떨어져 있지 않은 프랑크푸르트 쉬른 미술관으로 간다. 살인자만 범행 현장으로 돌아가는 것은 아니라고 리브룩스는 생각했다. 도난당한 물품도 그럴 수 있는 것이다. "그런 농담을 해봤습니다"라고 리브룩스는 법정에서 웃으며 말하게 된다. 카스파 다비트 프리드리히가 최악의 변호사를 둔 건 아닌 셈이다.

리브룩스는 프랑크푸르트 뢰머광장 근처에 있는 쉬른 미술관 후문 바로 앞에 차를 세워놓고는 프리드리히의 그림을 팔에 끼고 가서 경비원의 손에 그림을 쥐어준다. 경비원은 어리둥절해하며 관리 책임자를 불렀고, 관리 책임자는 그림을 받아들고 당황해했다. 리브룩스는 변호사 사무실로 돌아가 이제 텅 빈 그랜드 피아노로 모차르트 곡을 몇 소절 연주한다.

며칠 뒤, 프리드리히의 그림은 보안이 철저한 운송 차량에 실려 프랑크푸르트를 떠나 함부르크에 도착한다. 함부르크 미술관은 감사히 그림을 돌려받았고 2003년 가을에 다시 전시에 내놓는다. 그런데 함부르크 미술관에서 25만 유로를 상환하려 하지 않자 리브룩스는 미술관을 고소한다. 바로 그 덕분에 우리는 오리무중에 빠졌던 도난 사건의 전말을 알게 된 셈이다. 함부르크 미술관은 그림값에 대한 영수증을 요구했다. 리브룩스는 프랑크푸르트 기차역 주변 지역에서 장물에 영수증을 끊어주는 법은 없다고 대답하며 비웃었다. 법원은 리브룩스의 편을 들어주었다. 함부르크 미술관은 리브룩스에게 그림값을 지불해야 했다. 리브룩스는 범죄자들이 오히려 미술관보다 더 매너 있게 행동했을 거라고 꼬집었다.

2003년에 함부르크 미술관을 찾은 관람객 중에 세심한 이라면 〈짙은 안개〉 그림 위쪽 가장자리에 찍혀 있는 세 개의 작은 지문이 눈에 띄었을 것이다. 그것이 스테보의 지문인지, 리브룩스의 지문인지,

브로커들의 지문인지, 아니면 프랑크푸르트 미술관 관리 책임자의 지문인지를 두고 오랫동안 추측이 난무했다. 어쨌든 도난 사건을 암시하는 것은 확실했다.

⌒

　기차를 타고 드레스덴을 출발해 함부르크로 간다면, 기차 중에서 굉장히 느린 구식 인터시티를 타고서 팔라칭켄과 크뇌델도 먹으며 간다고 했을 때, 좀 서두르면 아침에는 드레스덴에서 프리드리히의 〈드레스덴의 오스트라게헤게〉를 보고, 점심에는 베를린에서 〈바닷가의 수도사〉를 보고, 오후에는 함부르크에서 〈안개 바다 위의 방랑자〉와 〈빙해〉를 보며 정점을 찍을 수 있다. 물론 돌아온 〈짙은 안개〉도 볼 수 있는데, 겨울 타이어 틈에서 몇 해를 보내고 나서 또 몇 주를 피아노 안에서 지낸 흔적은 이제 보이지 않는다. 그러나 내 마음을 더 끄는 그림은, 수십 년 동안 함부르크 미술관에 걸려 있지만 잘 알려지지 않은 작은 그림이다. 그림의 제목은 〈떠도는 구름〉인데, 가로 24센티미터 세로 18센티미터밖에 안 되는 작은 그림이지만 그 안에는 온 세상이 담겨 있다.
　이 그림은 가로의 층층 구조로 되어 있다. 맨 위에는 구름이 커튼처럼 드리워져 있고, 그 뒤로 더 먼 곳을 묘사한 두번째 층에는 뇌우가 지나가고 비가 걷히고 있으며, 그다음에는 산등성이가 보이고, 전경에는 진초록빛 풀밭이 띠를 이루고 있고, 맨 아래이자 맨 앞에는 우중충한 색의 돌들이 담을 이루고 있다. 현장에서 그린 것처럼 너무나 정밀하게 자연을 묘사한 것처럼 보이지만, 프리드리히의 그림이 늘 그렇듯 사실은 기억과 상상의 조합이다. 1820년에 쓴 한 편지에서 프리드리히는 아주 솔직하게 이 그림을 "브로켄산 꼭대기의 기억"이라고 부른다. 프리드리히는 1810년에 하르츠 여행에서 이 그림의 밑바탕이 되는 습작을 그렸다. 그러니까 10년 동안 프리드리히의 머릿속에서 안개가 걷혔다가 다시 짙어지고, 구름이 흩어졌다가 다시 모이고, 바람이 왼쪽에서 불어왔다가 저멀리 오른쪽에서도 불어온 듯하다. 엄청난 동요가 아닐 수 없다. 아주 다층적이다. 지금 우리 눈앞에 보이는 것이 뭘까? 나는 우리가 카스파 다비트 프리드리히의 머릿속을 들여다보고 있다고 생각한다.

프리드리히는 내면의 눈으로 자기 자신을 들여다보기 위해서 자연의 이미지를 그린다. 안개와 구름을 그리지만 사실은 인간의 본질에 관해 이야기하고 있다. 우리 모두의 머릿속에서 일어나는 비동시적인 동시성에 관해서, 동시에 일어나고 생각되고 처리되어야 하지만 종종 같은 방향으로 가지 않는 많은 것에 관해서 이야기하고 있다. 주로 안개처럼 애매모호한 경우가 많다. 종잡을 수 없는 산속의 복잡한 날씨 변화가 지닌 모순적인 역동성은 프리드리히에게 우리가 오늘날 멀티태스킹이라 부르는 것의 상징적 이미지가 된다.

프리드리히에게 구름은 그저 단순한 구름이 아니다. 프리드리히는 구름을 기독교 신비주의 관점에서 이해한다. 인간은 신의 광채를 감당할 수 없기 때문에 신은 안개나 구름 속에 몸을 숨긴 채 자신을 드러낸다는 것이다.

그리고 프리드리히의 친구이자 화가인 카를 구스타프 카루스가 말했듯, 구름은 신에 관해 이야기해 줄 뿐만 아니라 구름을 쳐다보는 인간의 정신 상태를 반영하기도 한다. "인간의 내면 상태는 변화무쌍하게 움직이는 구름과 같다. 밝아짐과 어두워짐, 발전과 해체, 형성과 파괴, 인간의 마음속에 울려퍼지는 이 모든 것이 우리의 감각 속에 구름의 형상으로 떠다닌다." 프리드리히의 생각도 이와 같다. 1823년에 형 아돌프에게 그림을 하나 선물했을 때, 형이 자신의 영혼에도 "그림처럼 폭풍이 몰아친다"고 고마운 마음을 전하자, 프리드리히는 이렇게 대답한다. "적어도 폭풍은 공기를 정화해주지."

그림으로 그려진 하늘은 가장 큰 모순 속에 살아간다. 우주를 있는 그대로 보여주려고 하지만 관람자는 늘 그림에서 자기 자신을, 자신의 내면 상태를 찾으려 한다. 그리고 실제로 발견하기도 한다. 관람자는 그림에서 자기 삶을 확인하거나, 자극을 받거나, 아니면 어깨를 으쓱하며 지나쳐 간다. 영혼에 폭풍이 몰아치는 우리 현대인이, 휘몰아치는 기대의 소용돌이와 "끊임없는 변화"라는 디지털 과부하에 맞서는 길은 오직 명상뿐이라는 말을 날마다 듣는다면 이 작은 그림을 떠올려야 한다. 생각이 구름처럼 떠올랐다가 사라지도록 그대로 내버려둬야 한다는 깨달음을 이 그림보다 더 잘 가르쳐주는 것은 없기 때문이다. 카스파 다비트 프리드리히는 구름이 바로 하늘의 선물이라는 것을 우리에게 보여준다.

⌢

카스파 다비트 프리드리히의 눈을 들여다볼 수 있는 행운을 가졌던 한 동시대인은 그의 눈동자 색을 "하늘색"으로 묘사한다.

　백분의 일초마다 변하고, 솟아올랐다가, 흩어졌다가, 탑처럼 우뚝 솟았다가, 질주하고, 일초만 눈을 돌려도 완전히 변해 있는 수소 화합물인 구름을 어떻게 그림에 담을 수 있을까? 구름을 그리는 일, 진짜 사실적인 구름을 그리는 일은 어느 화가에게나 엄청난 도전이다. 그런데 갑자기 1820년경에 두 유럽 화가가 구름을 주제로 삼았는데, 바로 영국의 존 컨스터블과 노르웨이의 요한 크리스티안 클라우젠 달이었다. 달은 이탈리아에서 작은 도화지에 유화물감으로 구름을 담는다. 두 사람은 불안정한 구름을 처음으로 진지하게 다룬 화가다. 방앗간 주인의 아들로 태어나 어린 시절부터 밀가루를 만드는 데 필요한 바람에 맞춰 풍차 날개를 조절하기 위해서 구름의 움직임을 관찰했던 존 컨스터블은 날마다 런던 근교 햄스테드 히스의 광활한 들판으로 나가 유화물감을 손에 들고 하늘을 쳐다보았다. 그러고는 갑자기 이제까지 그 누구도 본 적 없는 모습의 구름을 그린다. 그는 그것을 "스카잉"이라고 부른다. 하늘을 우러러보는 것이다. 그리고 그때 비로소 하늘을 포착하게 된다. 그것은 영국의 구름이자, 북유럽 특유의 구름 형태로, 거칠고, 잿빛이다. 비를 예고하고 세찬 바람을 동반한 구름이 작은 도화지와 캔버스에서 질주한다. 구름 회화의 시작은 곧 미술사에 속도가 도입된 순간이기도 하다. 영국의 기상학자 루크 하워드가 몇 킬로미터 떨어진 곳에서 구름을 분류한 시기와 정확히 같은 시점에 존 컨스터블이 그런 구름을 그렸다는 점이 놀랍다.

1819년에 유럽의 남쪽 끝 나폴리에서는 노르웨이 화가 요한 크리스티안 클라우젠 달이 구름을 예술로 승화시키기 시작했다. 이 스칸디나비아인은 남쪽 하늘에 압도되어 구름을 그리기 시작했는데, 이 구름들은 무더운 습기를 머금고 있고, 나폴리만으로 흘러들면서 베수비오산 위에 떠 있는 화산재 구름과 서로 힘자랑을 하느라 진회색빛을 띠기도 하며 눈부시도록 하얗게 빛나기도 한다. 괴테가 한 세대 전에 "이탈리아 여행"중에 창밖을 바라보다가 자연이 한순간 하나의 그림이 될 수 있다는 것을 깨달았던 바로 이곳에서, 달이 변화무쌍한 구름의 원형을 하나의 예술작품으로 만들어 불멸하게 한다.

이탈리아에서 드레스덴으로 돌아온 달은 카스파 다비트 프리드리히가 사는 건물로 이사 오고, 프리드리히는 달의 구름 습작들을 보고 눈이 휘둥그레진다. 사실 프리드리히는 하지 않는 방식이었다. 프리드리히는 자연에서는 스케치만 할 뿐이다. 그는 하늘의 색깔이 어떠했는지 어디가 그늘졌었는지를 정확하게 메모한다. 심지어 스케치한 구름에 번호를 매길 때도 있다. 그러고는 나중에 어두컴컴한 아틀리에에서 붓으로 하늘을 재창조하는 것이다. 그런데 밖에서 자연을 바라보면서 그 자리에서 유화물감으로 하늘을 채색한다니? 그렇지만 달이 거듭 설득하여 1824년에 프리드리히도 하늘을 쳐다보며 바로 채색하게 된다. 그렇게 탄생한 유화 습작 세 점이 남아 있다. 그 그림들에는 마법 같은 빛이 있다. 저녁의 황금빛을, 지평선 위로 퍼져 있는 이 빛의 여운을 프리드리히는 그 어느 그림보다 부드럽게 표현하여 천상의 분위기를 자아냈다. 아주 세밀하게 덧칠하여 황금빛 노란색에서 분홍색, 보라색, 파란색에 이르기까지 다양한 색조로 반짝반짝 빛난다. 프리드리히는 이 습작들 중 한 그림에 아직 물감도 다 마르지 않은 상태에서 붓의 뒷부분으로 '1824년 10월 저녁'이라고 새겨넣었다. 그 어떤 그림에도 서명하지 않던 그가 이 그림의 탄생 순간을 서명으로 삼은 것이다. 밝게 빛나는 하늘은 따뜻한 공기로 가득차 있다. 구름은 거의 없었고 그저 암시만 있을 뿐이었는데 프리드리히는 그 일을 달에게 맡겼다. 자기는 그렇게 빨리 그릴 수 없었다. 그는 아주 천천히 몰입해서 내면의 눈으로 구름이 자라고 이동하는 모습을 볼 시간이 필요하다. 그런 다음에야 내면의 눈으로 본 대로 구름이 자라고 이동하는 것을 그릴 수 있다. 잠시나마 프리드리히가 하늘을 빨리 그리려는 유혹에 넘어간 것처럼 보인다. 그리고 하늘에 정통한 그가 순간의 하늘을 얼마나 잘 담아낼 수 있는지 깨닫고 스스로 놀란 것 같다. 그는 그저 하나의 〈저녁〉을 그렸을 뿐이지만, 저녁의 어스름 속에서 온 세상의 어스름을 보여준다. 그 사실을 깨닫고 프리드리히 자신도 놀랐음에 틀림없다. 계몽의 충격을 다시금 몸소 체험한 것처럼 보인다. 프리드리히는 구름을 즉흥적으로 가볍게 그리는 일이 하늘과 땅을 창조한 이의 진지한 마음에 죄를 짓는 기분이 든다. 무엇보다 프랑스인들이 이탈리아에서 이러한 유화 습작을 그리고 있다는 사실을 프리드리히도 알고 있기에 이 기법은 이중의 의미로 의심쩍었다. 너무 가톨릭적이었다. 프로테스탄트 교도로서 신성한 하늘을 마치 나무를 그리듯 그렇게 빨리 그린다면 어디에서 참회해야 할지 알 수 없었다. 그는 특정 순간의 하늘을 단 몇 분 만에 그려내어 쉽게 효과를 내기를 주저한다.

　내면의 눈이 아니라 오로지 외부의 눈으로만 본 그림이 무슨 힘이 있을지 프리드리히는 혼란스러웠다. 그래서 자꾸 이런 의문이 든다. 달이 하고 있는 일을 정말 해도 되는 걸까? 그러다가 정말 큰일 나는 게 아닐까? 노르웨이 출신의 강인한 자연인인 달은 이런 의구심을 전혀 이해하지 못한다. 달은 그저 자기가 보는 대로 그릴 뿐이고, 그것도 전례 없는 빠른 속도로 그릴 뿐이다. 그게 뭐가 문제란 말인가? 달은 주변에서 걱정하는 사람들을 비웃는다. 드레스덴 출신의 독실한 경건주의자들은 깜짝 놀라 눈을 비빈다. 구름 뒤에 더 중요한 존재, 다시 말해 신이 존재한다는 사실을 달은 잊었단 말인가? 그렇다, 구름을 집중 조명하는 일은 엄청난 도발이기도 하다는 사실을 우리는 절대로 잊어서는 안 된다. 뒤셀도르프 미술 아카데미 학장 샤도는 "구름보다 더 고귀한 존재"가 그 속에 있다면서 구름 그림을 그리는 젊은 화가들에게 양심에 호소했다. 화가 카루스의 아내는 남편과 함께 달의 아틀리에를 찾아와 수많은 구름 초상화를 보고서 정교한 기교에 매료되었지만 걱정스럽기도 했다. 그녀는 집에 돌아가는 길에 남편을 한쪽으로 불러세워서는 심각한 표정으로 이렇게 묻는다. "달이 독실하기는 한 거예요?"

⌣

　카스파 다비트 프리드리히가 화가로서 중요한 인물인 건 맞지만 카나리아 사육자로서는 정말 혁명적이었다. 그 자그마한 노란 새가 독일 전역에 퍼지기 훨씬 전에 이미 카나리아 사육과 새장 청소에 대해 면밀히 연구했고 주변에 수많은 명금류를 두고 있었기 때문이다. 어디에서 났을까? 그런 것들은 어떻게 알았을까? 수수께끼다. 카나리아 새를 제대로 다룬 책이 나온 것은 프리드리히가 죽고 나서 두 세대 이후의 일이다. 1901년에 『카나리아 사육 교본』이 출간되었고, 1908년에 『독일 가정의 벗 카나리아 새』가 나왔다. 그런데 1820년에 이미 카나리아는 카스파 다비트 프리드리히 가족의 벗이었다. 그는 형에게 보내는 편지에 마치 고양이 얘기를 하듯 아무렇지 않게 카나리아 소식을 전한다.

예를 들어, 프리드리히는 새장 속에 있는 횃대를 이용해서 이가 안으로 기어들어가게 한 다음 나중에 깨끗하게 제거하는 방법을 고안했다. 1825년 10월 2일에 프리드리히는 그라이프스발트에 있는 형에게 이런 편지를 쓴다. "사랑하는 아돌프 형, 카나리아 새의 해충을 어떻게 없앨 수 있는지 알아? 일반적인 막대기 대신에 그라이프스발트 주변에 아주 흔히 자라는 갈대로 홰를 만드는 거야. 그리고 줄기마다 O만한 크기의 작은 구멍을 세 개 뚫는 거지. 그러면 이들이 이 구멍으로 기어들어가. 8일 동안 날마다 횃대를 털어서 이를 제거하고, 그래도 남은 것들이 있으면 구멍으로 끓는 물을 부어." 카나리아를 키우는 일에서도 청결을 사랑하는 프리드리히의 처녀자리 습성이 드러난다. 1년 전에는 이런 편지를 보냈다. "내 카나리아를 다른 암컷이랑 교미시켜서 새끼 여덟 마리가 부화했는데 놀라운 점이 뭔지 알아? 여덟 마리 모두 수컷이었다는 거야." 아주 수수께끼 같은 구절이다. 보아하니 갓 결혼한 카스파 다비트 프리드리히는 자기가 키우는 수컷 카나리아에게도 여자가 주는 기쁨을 선물한 듯하다. 그런데 어쩌다가 부화기에 수컷 카나리아 여덟 마리가 태어났을까? 그의 새가 부화기에 날아들어가 새로운 아내와 온종일 놀다가 여덟 번이나 수컷 새끼를 얻은 걸까? 그렇다 해도 놀라운데, 카나리아는 사실 4~6개의 알을 낳기 때문이다. 그리고 무엇보다 궁금한 건, 프리드리히의 집안에 새장을 둘 만한 곳이 어디 있었을까 하는 점이다. 게르만 사내이자, 북유럽 바다와 독일의 동식물을 사랑하는 프리드리히가 어쩌다 하필 이 남쪽 나라 작은 새에 매료되었을까?

카나리아는 19세기 말에야 비로소 독일에 널리 퍼졌는데, 티롤 광부들이 하르츠로 가져왔다. 거기에는 특별한 이유가 있었다. 카나리아는 아름답게 우는 능력 말고도 숨을 들이쉴 때뿐만 아니라 숨을 내쉴 때도 산소를 흡수하는 특성이 있다. 그래서 그 어떤 동물보다도 독성 가스에 민감하다. 땅속의 어둡고 깊은 갱도에서 산소 농도가 심각하게 낮아져 카나리아가 기절하여 횃대에서 떨어지면 광부들이 안전하게 대피할 시간이 아직 이십분이 남아 있다는 뜻이었다.

카스파 다비트 프리드리히는 타지에서 온 손님들을 데리고 성모 교회 옆에 있는 요하네움에 가곤 했다. 그곳에 특별히 마련된 "로살바 실"에서 로살바 카리에라의 파스텔화들을 보는 것을 좋아했는데, 로살바 카리에라가 1746년에 작센 궁정을 위해 그린 4원소 그림을 특히 좋아했다. 로살바 카리에라는 이 그림으로 엄청난 성공을 거두었다. 이 네 장의 그림은 우아함과 에로티시즘이 넘쳐나는데, 로코코 양식으로 그린 네 명의 여인이 4원소인 불, 물, 흙, 공기를 가지고 유혹적인 유희를 펼친다. 프리드리히는 공기 그림을 가장 좋아했다. 한 여인이 머리 주위를 맴돌며 날아다니는 카나리아를 잡으려고 헛되이 애쓰는 그림이다. 카나리아를 잡으려는 몸짓에 옷깃이 휘날려 가슴 부분이 드러나 있다. 이 로코코 양식의 지저귐은 카스파 다비트 프리드리히가 평생 본 것 중에 가장 도발적인 모습일 것이다. 17세기 회화에서 새장 속의 카나리아는 처녀성의 상징이었다.

미국 작가 커트 보니것은 두 가지 의미에서 카스파 다비트 프리드리히와 깊은 인연이 있다. 보니것은 미군 신분으로 드레스덴에 있는 거대한 도살장 지하실에 붙잡혀 있었는데, 이 도살장이 있는 오스트라게헤게는 바로 100년 전, 카스파 다비트 프리드리히의 그림 가운데 가장 간절한 그리움이 담겨 있는 풍경화라고 할 만한 〈드레스덴의 오스트라게헤게〉의 배경이 된 곳이다. 그리고 20세기에 출간된 보니것의 『제5도살장』은 간척지인 '드레스덴의 오스트라게헤게'의 습지대 풍경을 배경으로 펼쳐진다. 이 작품은 가장 강렬한 반전소설로 꼽힌다. 1945년 2월 13일에서 14일로 넘어가는 밤에 연합군이 드레스덴을 거의 초토화시켰을 때, 보니것은 도살장 지하 감옥에 갇혀 있었다. 이 작품의 주인공 빌리 필그림이 파괴된 도시 위로 해가 지는 모습을 묘사하는데, 꼭 카스파 다비트 프리드리히가 그린 하늘 같다. 현재는 미래의 폐허가 된다. 훗날 커트 보니것은 드레스덴의 오스트라게헤게에서 겪은 전쟁 경험을 바탕으로 "예술에서의 광산 속 카나리아 이론"을 발전시킨다. "이 이론에 따르자면 예술가들은 너무 민감하기 때문에 사회에 유용하다. 예술가들은 극도로 민감하다. 그들은 더 강인한 유형의 인간들이 위험을 감지하기 훨씬 전에 독이 든 광산 속의 카나리아처럼 쓰러진다."

⌢

1835년에 카나리아 새 카스파 다비트 프리드리히가 횃대에서 떨어질 뻔한다. 뇌졸중으로 몸 절반이 마비된다. 그의 몸은 독일의 정치적 분위기가 독으로 가득차 있다는 것을, "카를스바트 결의"*가 낳은 정신적 분위기가 모든 자유로운 영혼의 소유자에게 숨쉴 공기를 점점 빼앗고 있다는 것을 느낀다. 당연한 결과이지만 1840년 5월 7일에 프리드리히가 죽을 때 공식적인 사인은 "폐기능 마비"였다.

⌢

1819년 8월 30일, 더 정확하게는 교회 종이 아홉시 반을 알린 시각에, 어린 엠마 프리드리히의 폐가 처음으로 열리고 드레스덴의 서

---

* 집회를 금지하고 언론 검열을 강화하며 교육과 출판의 자유를 제한한 조치.

늘한 저녁 공기를 들이마셨을 때, 엠마는 울음을 터뜨리지 않고 재채기를 한다. 엠마는 재채기하며 세상에 인사를 건넨다. 그것도 열두 번이나. 그것이 무엇을 뜻할까? "나는 몰라. 엠마 F." 이제 겨우 세 살이 된 엠마가 1822년 12월 10일에 엄마가 쓴 편지 가장자리에 써넣은 말이다. "나는 몰라"는 카스파 다비트 프리드리히의 딸이 문서로 남긴 유일한 글이다. 선량한 기독교도인이 자기도 모르게 실존주의자를 낳은 걸까?

20세기의 가장 유명한 독일 화가는 19세기의 가장 유명한 독일 화가에 대해 뭐라고 말할까? 독일의 화가 게르하르트 리히터는 카스파 다비트 프리드리히가 21세기에 얼마나 중요한 존재인지 이렇게 표현한다. "카스파 다비트 프리드리히의 그림은 사라지지 않는다. 사라지는 것은 단지 그 그림이 탄생하게 된 몇몇 상황뿐이다. 게다가 그림이 좋다면 지금의 우리에게도 영향을 미친다."

카스파 다비트 프리드리히의 그림 앞에 있는 유리는 비유적으로 표현하자면 반사방지 기능이 없다. 그래서 19세기도, 20세기도, 심지어 21세기도 항상 그림에서 자기 자신을 본다. 유리에 비친 관람자의 모습이 유리 너머 프리드리히의 그림이 지닌 섬세한 색조와 겹칠 때가 아주 많다.

―

　프리드리히를 재발견한 노르웨이의 미술사학자 안드레아스 오베르에 관해서 우리는 아는 게 거의 없다. 1893년에 드레스덴을 찾은 오베르는 프리드리히가 살았던 안 데어 엘베 33번지에서 요한 크리스티안 클라우젠 달의 아들 요한 지크발트를 만나 굉장히 놀라고 기뻐한다. 요한 지크발트는 아버지로부터 물려받은 프리드리히의 작품들을 아직도 상당수 소장하고 있었다. 그리고 요한 지크발트의 집 아래층에는 4년 전에 죽은 카스파 다비트 프리드리히의 아들 구스타프 아돌프의 미망인이자 카스파 다비트 프리드리히의 며느리인 고령의 카롤리네가 살고 있었다. 오베르는 카롤리네와 카롤리네가 가지고 있던 문서들을 통해 카스파 다비트 프리드리히의 흔적을 찾기 시작한다. 그후 몇 년 동안 오베르는 프리드리히의 또다른 그림들과 프리드리히 관련 문서들을 발견하기 위해 드레스덴과 그라이프스발트를 계속 찾아온다. 이제까지 잘 알려지지는 않았지만, 오베르에 관해 알려주는 자료가 하나 있는데 바로 미술 평론가 카를 셰플러의 회고록이다. 카를 셰플러는 베를린에 "늘 진행형이고 결코 현재형이 될 수 없는 운명"*이라는 멋진 수식어를 붙여준 인물이기도 하다. 그리고 독일의 나머지 지역은 카를 셰플러 덕분에 훌륭한

---

* 1910년에 출간된 카를 셰플러의 책 『베를린. 어떤 도시의 운명』에 나오는 문구.

예술 잡지 『쿤스트 운트 퀸스틀러』를 얻었는데, 그가 편집장으로 있었던 이 잡지는 1900년 무렵 미학의 척도가 되었다. 바로 이 잡지에 오베르가 프리드리히에 관해 쓴 글들이 처음 발표된다. 셰플러는 회고록에서 오베르가 프리드리히의 삶을 속속들이 재구성하기 위해서 어떤 노력을 기울였는지 알려주는데, 오베르가 프리드리히에 관해 새로운 것을 발견했을 때마다 편집부에 찾아와 이야기하던 일화를 들려준다. 오베르가 카롤리네 보머의 약혼반지를 발견했을 때의 일이라든지 벽지의 여성 재단에서 〈드레스덴의 오스트라게헤게〉를 발견했을 때 일을. 셰플러의 말을 빌리자면, 오베르는 "카스파 다비트 프리드리히에게 푹 빠졌다". 바로 프리드리히한테 꼭 필요했던 존재였다. 그래야 그 사랑의 불씨가 옮겨붙어 진가를 알아보는 눈이 열리는 사람들도 생겨나기 때문이다. 바로 세기 전환기에 프리드리히 일가의 그림들을 사들이기 시작한 함부르크 미술관 관장 알프레트 리히트바르크, 베를린 미술관 관장 후고 폰 추디, 드레스덴 미술관 관장 볼데마르 폰 자이들리츠가 그들이었다. 이 세 사람 모두 1906년에 베를린에서 "100년 전시회"라는 이름으로 대형 전시회가 열리는 데 결정적으로 중요한 역할을 했다. 이 전시회로 프리드리히는 단번에 대중의 주목을 다시 받게 된다. "100년 전시회"에서 프리드리히의 놀라운 그림 35점을 선보였는데, 대부분 프리드리히 일가가 소장하고 있던 작품들이었다. 19세기 독일 회화의 후발 영웅들, 다시 말해서 〈죽음의 섬〉을 그린 화가 아르놀트 뵈클린과, 안젤름 포이어바흐, 빌헬름 라이블의 작품들이 더 많이 전시되기는 했지만, 이 세 영웅은 이제 프리드리히의 그늘에 가려진 지 오래다.

카스파 다비트 프리드리히의 그림에는 공기가 멈춰 있다. 바다 위로 밤하늘에 구름이 몰려드는 순간에도 프리드리히는 무슨 일이 벌어지기 직전의 고요하고 긴장된 순간을 포착하는 것 같다. 프리드리히가 자연을 바라보면 자연은 잠시 움직임을 멈춘다. 자연은 프리드리히를 위해 숨을 죽인다. 그 때문에 프리드리히의 그림 속에서 자연 앞에 서 있거나 자연 속을 방랑하는 인물들도 말문이 막히게 된다. 그들은 단 한마디도 하지 않는다. 그 대신 경건함과 감탄과 감동이 있을 뿐이다. 그러나 프리드리히는 붓으로 겹겹이 무수히 덧칠해 가장 섬세한 색조를 만들어내어서 그림 속 풀밭과 들판 위로 흐르는 공기가 느껴질 정도이고, 그 고요함이 우리의 불안한 눈 위에도 내려앉을 정도다. 프리드리히의 모든 그림에서 한없는 그리움이 유일무이한 빛처럼 퍼져나온다.

프리드리히는 창밖을 내다본다. 왼편으로 엘베강 너머 서쪽을 바라본다. 황금빛 노을에 회색 구름이 이글이글 빛나고 있다. 그리고 해가 완전히 지기 직전, 마치 어딘가에 불이 난 것처럼, 그래서 그 열기에 달아오른 듯 구름이 더 붉은빛으로 타오른다. 그러다가 하늘에서 부드러운 분홍빛과 회색빛이 잠시 서로 유희를 벌이더니 점점 고요해진다. 이어서 갑자기 푸른빛 하늘에 초승달이 위엄 있게 살며시 떠오르더니 밤을 지배하기 시작한다.

프리드리히는 이 따뜻한 봄날 저녁에 아주 오래도록 하늘을 바라본다. 아들이 다가오더니 저녁이 펼치는 쇼를 함께 바라본다. 카롤리네가 저녁 먹으러 오라고 불러도 아버지와 아들은 하늘만 바라볼 뿐이다. 그러면서 이렇게 소리친다. "그래, 곧 가겠소, 먼저 먹기 시작해요, 오늘 하늘이 너무 아름답구려." 그러자 카롤리네와 엠마도 이쪽으로 와서는 또다른 창가에 서서 빛이 펼치는 기적에 감동한다. 바로 지금 카롤리네와 엠마의 모습을 그려야 한다고 프리드리히는 생각한다. 성모교회의 종이 울리자 구름이 마침내 지친 듯 무표정한 회색빛으로 가라앉는다.

아들 구스타프 아돌프가 프리드리히에게 저런 하늘을 그리는 법을 배우고 싶다고 말한다. 그러자 프리드리히는 이렇게 대답한다. "아들아, 하늘을 그리는 법은 나한테 배우지 마라. 달에게 가봐, 가서 달이 카루스 부인이 아주 걱정할 만큼 새로운 구름을 어떻게 그리는지 지켜봐. 달은 붓으로 구름을 포착할 수 있지, 창밖으로 보이는 질주하는 저녁 구름을 말이야. 나는 그렇게 못 해. 나는 고요함이 필요하지. 그림을 그리려면 창문 덧창을 닫아야만 해."

말도 안 되는 일이 하나 있다. 오늘날 카스파 다비트 프리드리히의 대표작으로 여겨지는 두 작품 〈뤼겐의 백악절벽〉과 〈안개 바다 위의 방랑자〉가 드레스덴에 있는 프리드리히의 아틀리에에서 탄생

한 후 100년 동안 세상에 전혀 알려지지 않았다는 사실이다. 아무도 그 그림에 관해서 얘기한 적도 없고, 아무도 그 그림을 봤다는 사람이 없었다. 굉장한 수수께끼다.

〈뤼겐의 백악절벽〉은 1903년에 카를 블레헨의 작품으로 세상에 나타났다가 1920년에 카스파 다비트 프리드리히의 작품으로 밝혀지는데, 비극적이게도 그 사실을 세상에 알린 쿠르트 카를 에버라인은 1940년에 프리드리히를 나치의 선구자로 만든다. 반면에 〈안개 바다 위의 방랑자〉는 카스파 다비트 프리드리히가 죽은 지 99년이 지난 1939년에야 역사의 안개를 헤치고 세상에 모습을 드러낸다. 그런데 이번에도 그 "발견자"에 대해 우리는 신중해야 한다. 그 발견자는 바로 베를린의 미술상 빌헬름 아우구스트 루츠였는데, 1937년부터 나치가 압수한 유대인들의 미술 소장품을 감정하는 일을 했다. 린츠에 건립할 예정이었던 "총통 박물관"을 위해 루츠가 히틀러에게 〈안개 바다 위의 방랑자〉를 소개했는지 아니면 나치를 위해 낭만주의 그림을 구매하는 일을 했던 한스 포세와 연락을 취했는지는 알 수 없다. 〈안개 바다 위의 방랑자〉는 전쟁 초기에 베를린 쿠어퓌르스텐슈트라세 127번지에 있는 루츠의 화랑에 걸려 있었던 것으로 추정된다. 다만 확실한 것은, 루츠가 이 그림을 당장 판 것이 아니고 늦어도 1943년에 미술품 수집가 에른스트 헨케에게 팔았다는 사실이다. 그때부터 오리무중에 빠져 종잡을 수 없는 여정이 시작된다. 우선 이 그림은 에른스트 헨케를 떠나 빌레펠트에 사는 외트커 가문의 개인 소장품이 된다. 그리고 1950년에 잡지『디 쿤스트 운트 다스 슈네 하임』에 커다란 사진으로 실려 세상에 처음 모습을 드러낸다. 얼마 지나지 않아 〈안개 바다 위의 방랑자〉는 다시 길을 떠나는데, 이번에는 여행이라기보다는 산책 정도였다. 바로 빌레펠트의 미술상 파울 헤르초겐라트에게 갔는데, 루돌프아우구스트 외트커 부친의 친구였다. 그다음에는 가까운 노르트라인베스트팔렌주 할레에 사는 재계 거물 후고 오버벨란트에게 가서 1970년까지 머문다. 그런데 이 30년 동안 어느 시점에 "안개 바다 위의 방랑자"가 정말로 프리드리히가 맞을지 의문이 제기되었다. 그림 속 인물이 키가 너무 커 보여서 프리드리히의 친구 카를 구스타프 카루스가 그림의 창작자가 아닐까 하는 가능성이 제기된다. 그 때문인지 아니면 다른 이유 때문인지 몰라도 오버벨란트 가문은 이 그림을 슈투트가르트의 빌러 화랑에 판다. 그리고 뷜러 화랑은 1970년 12월에 당시로서 큰 금액이었던 60만 마르크를 받고 함부르크 미술관에 이 그림을 판다.

그때부터 〈안개 바다 위의 방랑자〉의 승승장구가 시작된다. 오늘날 〈안개 바다 위의 방랑자〉는 카스파 다비트 프리드리히의 작품 가운데 가장 유명한 그림일 것이다. 믿기 어려울 정도다. 프리드리히는 이보다 더 상징적인 그림을 그린 적이 없다. 이렇게 큰 뒷모습을 그린 적도 없다. 그야말로 압도적인 힘을 지닌 그림이라 할 수 있다.

그런데 어떻게 그런 그림이 100년 동안 세상의 호기심 어린 시선으로부터 숨어 있을 수 있었을까? 프리드리히는 이 그림을 왜 아카데미 전시회에 출품하지 않았을까? 1906년에 베를린의 "100년 전시회"를 통해 프리드리히가 19세기 가장 중요한 독일 화가로 뽑혔음에도 왜 그림의 소유주들은 자신의 소장품을 세상에 보여주지 않았을까?

이 그림을 루츠에게 팔았던 이는 이 그림이 작센의 산림관 폰 덴 브링켄을 그린 거라고 말했다. 그런데 유서 깊은 폰 덴 브링켄 가문에는 작센의 산림관을 지낸 인물이 없다. 나무와 관련이 많은 인물, 심지어 관련이 아주 많은 인물이 한 사람 있기는 했는데 바로 러시아 제국의 산림청장이었던 율리우스 폰 덴 브링켄이다. 그러나 율리우스 폰 덴 브링켄과 프리드리히 사이에는 연결고리가 전혀 없다. 그런데 작센의 산림관이었든 러시아의 산림청장이었든 왜 자기 모습을 그렇게 그리게 했을까? 그림의 대가로 아주 큰돈을 지불하면서 왜 뒷모습을 그리게 했을까? 그리고 그림을 의뢰한 사람이 산림관이라면 이런 의문도 든다. 침엽수를 사랑하고 많이 그렸던 프리드리히가 왜 하필 나무가 거의 없는 그림을 그렸을까?

─

한 남자가 구름 위에 서 있다. 이것은 하나의 혁명이다. 〈안개 바다 위의 방랑자〉는 우크라이나의 위대한 화가 카지미르 말레비치가 거의 100년 뒤 최초의 비행기를 보고 매료되는 시점에서 그려졌다. 이제까지 위에서 구름을 내려다볼 수 있는 존재는 오직 하나뿐이었기 때문이다. "우리가 일단 하늘에 이르렀다면, 우리에게 남은 과제는 신의 모든 속성을 획득하는 것, 다시 말해 전지전능한 존재가 되는 것이다." 우리는 카스파 다비트 프리드리히가 다루고자 한 주제는 이것이 아님을 안다. 프리드리히는 창조주에게 도전하는 것이 아니라 창조주를 발견하고 찬양하고자 했다. 그러나 그가 창조한 그림은 엄청나다. 이 방랑자는 이제 더이상 하늘을 우러러보지 않는다. 그는 하늘을 발아래 두고 있다. 이 점은 너무 현대적이라 혼란스럽다. 그러면서도 프리드리히가 살던 시대의 갈망과 딱 들어맞는다. "오, 산에서 내려다보는 기쁨이여"라고 프리드리히의 소울메이트 요제프 폰 아이헨도르프는 시에서 노래한다. 이렇게도 노래한다. "언젠가 나도 고요한 정상에 이르렀네, 그곳에서 은밀한 기쁨에 전율했네." 카스파 다비트 프리드리히는 하르츠산맥, 엘베 사암산맥, 리젠산맥 등 여러 정상에 올랐고 그곳에서 아래를 굽어보는 기쁨을 찬미했다. 정상에서 방랑자는 자기 자신, 세계, 신과 대화를 나눈다. 프리드리히가 말과 그림으로 표현한 신은 인간의 영혼 속에 깃들어 있다. 인간이 자기 내면에 침잠하여 그곳에서 신을 발견한다고 믿을 때 자기 자신과 좀더 가까워질 수 있다고 프리드리히는 생각한다. 이것은 감동적일 뿐만 아니라 당혹스럽다. 프리드리히가 발견한 신은 늘 고독의 신이기도 하기 때문이다. "자연을 온전히 보고 느끼기 위해서 나는 혼자 있어야 하고, 내가 혼자 있다는 사실을 알아야 한다. 나는 내 주위에 있는 것에 나를 내맡겨야 하고, 온전한 내가 되기 위해서 구름과 바위와 하나가 되어야 한다"고 카스파 다비트 프리드리히는 말한다. 그러나 이것은 〈안개 바다 위의 방랑자〉의 말일 수도 있다. 어쨌든 우리가 이 그림에서 보는 것은 산림관이 아니라 "안개 바닷가의 수도사"다.

그림에서 날아다니는 새를 통해 카스파 다비트 프리드리히의 그림을 이야기할 수도 있다. 〈바닷가의 수도사〉 주변에는 갈매기 열아홉 마리가 맴돈다. 가을 들판 위로 수많은 까마귀가 날아다니는 그림은 마치 게오르크 트라클의 표현주의 시를 위한 삽화 같다. 〈까마귀가 있는 절벽에 선 여인〉은 새들이 늘 그곳에 존재할 뿐만 아니라 의미를 지니고 있음을 보여준다. 때로는 뜻깊고, 때로는 성가시다. 텅 빈 수도원 틈새에는 그곳을 피난처로 삼고 겨울을 나는 작은 새들이 있다. 그리고 달빛 아래 목을 맞대고 있는 백조들이 있다. 〈여름〉에서는 잉꼬비둘기 두 마리를 볼 수 있다. 독일 정신의 자유가 위협받을 때 프리드리히는 산속에 독수리를 그려넣는다. 그리고 삶의 끝자락에는 거듭 부엉이가 등장한다. 저녁 어스름 속에 비로소 날갯짓을 시작하는 지혜의 상징 부엉이들이 나무 위에 웅크리고 앉아 있거나, 날아다니는 그림이다. 프리드리히가 자기 세상에서 참을 수 있는 소리는 오직 새들이 지저귀는 소리뿐인 듯하다. 그리고 상대하기 어려운 인간보다는 새들을 상징적 존재로서 훨씬 더 좋아한 것 같다. 화가로서뿐만 아니라 카나리아 사육사로서도 그런 점이 드러난다.

작가 유디트 샬란스키는 이렇게 말했다. "나는 새가 없는 세상을 상상해보려고 했다. 그것은 공포이자, 완전한 침묵이고, 세상의 종말일 뿐이었다."

카스파 다비트 프리드리히와 카롤리네 프리드리히는 1822년에 그림을 공부하러 드레스덴에 온 덴마크 젊은이 닐스 라우리츠 호이엔을 몹시 좋아했다. 심지어 크리스마스에 그를 집에 초대하기까지 했는데, 카롤리네가 즐겨 쓰는 표현대로 "기름진" 음식인 거위 구이에 감자경단을 곁들인 요리를 대접했다. 그라이프스발트에 사는 형제들이 좋은 거위들을 또 보내주었다. 덴마크 청년은 배불리 먹고는, 애처로운 표정으로 멀리 코펜하겐에서 홀로 크리스마스를 보낼 신부 이야기를 한다. 신부와 마지막으로 함께 물가에서 산책한 일이 머리에서 떠나지 않는다면서. 그러자 프리드리히가 "그것을 그려드리죠"라고 외치더니 그림을 그려서 코펜하겐에 있는 신부에게 보낸다. 신랑보다 그림이 더 빠르다.

닐스 호이엔은 프리드리히의 그림 속 공기를 가장 아름다운 언어로 표현했다. 이 크리스마스 파티 때 오래도록 바라본 게 틀림없다. 호이엔은 프리드리히의 그림을 생각하면 늘 "공기를 멋지게 재현"한 것이 떠오른다. "나는 무겁고 푸르스름한 겨울 공기, 비옥하고 향기로 가득한 봄 공기, 맑은 아침 하늘, 달빛이 빚어내는 기이한 마법 같은 효과, 살며시 피어오르는 강 안개와 아침 안개가 놀랍도록 사실적으로 묘사된 것을 보았다."

아주 일찍이, 그러니까 1805년에 이미 카스파 다비트 프리드리히의 작품에 나타나는 특유의 종교성을 알아본 특별한 신사가 있는데, 그에 걸맞게 아주 의미심장한 이름을 가졌으니 바로 "고트힐프"*였다. 고트힐프 폰 슈베르트의 『자연과학의 어두운 면에 관한 고찰』은 프리드리히가 자신의 그림에서 항상 신비로운 방식으로 현세 너머의 삶이 느껴지는 자연을 보여줌으로써 내세에 관한 표상을 일깨우는 과정을 설명한다. 그것은 놀라우리만치 정확한 인식이다. 말하자면, 자연은 신이 하늘에서 내리는 도움의 손길이라는 것이다.

프리드리히는 언젠가 이런 말을 한 적이 있다. "하늘과 땅을 창조하신 분이 내 곁에 계시고 그분의 사랑이 나를 보호하고 있다." 그러나 프리드리히는 〈바닷가의 수도사〉처럼 신과 세상 앞에 무방비로 내던져진 기분이 자주 든다. 길을 잃은 듯한 위기감은 프리드리히의 그림에서 바로 눈에 띄지는 않는다. 오히려 슬며시 스며나오고, 숨어 있으며, 가끔은 그저 어렴풋이 느낄 수 있을 뿐이다. 어쩌면 그저 질문을 던질 뿐 대답은 주지 않는다는 점이 바로, 프리드리히의 아름다운 그림들이 지닌 가장 귀중한 가치일지 모른다. 라슬로

* '신의 도움'이라는 뜻.

필데니가 간파한 것처럼, 프리드리히의 모든 그림은 "신을 목격한 일을 표현한 것인지 신의 부재를 목격한 일을 표현하는 것인지 불명확하다". 프리드리히가 그린 모든 하늘과 공기는 프리드리히의 채워지지 않은 형이상학적 갈망을 보여준다. 어쩌면 그 때문에 200년이 지난 지금까지도, 아무리 그의 그림을 보고 또 봐도 우리의 갈망이 채워지지 않는 것인지 모른다.

이야기가 더 복잡해지지는 않으니 걱정하지 마시라. 카스파 다비트 프리드리히에 관한 거창한 이론은 프리드리히의 그림을 작아지게 만들고 그림이 지닌 신비로운 아름다움을 빼앗는다. 그렇다, 이미 1974년에, 그러니까 지금으로부터 50년 전에 당시 함부르크 미술관 관장이었던 베르너 호프만이 강력히 권고한 것처럼, 프리드리히를 "신성의 아우라"에서 조금은 해방시키는 것이 좋다. 그러나 그 이후로 과도한 찬양이 오히려 더 심해졌다. 프리드리히 본인은 예술을 현학적인 언어로 표현하는 것을 경멸했다. 절대로 머리가 심장보다 중요해져서는 안 된다고 말했다. "아름다움이 무엇인지 알고 싶나? 미학자 양반들에게 물어보면 티테이블에서는 도움이 될지 모르지만 이젤 앞에서는 아니네. 아름다움은 느껴야 하는 것이네."

다시 드레스덴의 엘베강가에 있는 건물 3층에 있는 카스파 다비트 프리드리히와 카롤리네 프리드리히의 아담하고 소박한 집으로 가보자. 프리드리히의 그림 〈창가의 여인〉과 케르스팅이 프리드리히의 아틀리에를 그린 그림을 통해 우리도 이미 잘 아는 공간이다.

〈창가의 여인〉에서 프리드리히의 아내 카롤리네는 아주 얄밉게도 앞을 가로막고 서서 우리의 시야를 가리고 있다. 그러나 아무리 그러고 싶더라도 카롤리네 프리드리히에게 우리도 창밖으로 엘베강을 볼 수 있게, 배들과 강 건너편에 서 있는 높다란 플라타너스를 볼 수 있게 옆으로 한 발짝 비켜달라고 간단히 부탁할 수 없다. 그녀의 남편이 그렇게 그린 데는 분명 그만한 이유가 있었을 것이다. 게다가 그녀는 이제 200년이나 그 자리에 그렇게 서 있으니 말이다.

어쩌면 프리드리히는 우리가 위쪽을, 다시 말해 하늘을 보게 하려고 그렇게 그린 것인지도 모른다. 카롤리네의 머리 위로 창문 윗부분을 통해 창백한 푸른 하늘에 빛나는 구름을 볼 수 있기 때문이다. 창문에 검은색의 단순한 격자무늬가 있는데, 꼭 산꼭대기에 있는 십자가 같다.

이 창문 구조는 프리드리히의 아틀리에를 그린 유명한 그림에서 보이는 것과 똑같다. 창문 바로 앞은 아무것도 보이지 않는다. 프리드리히는 측면에서 들이치는 빛이 그림 그리는 데 방해되지 않도록 창문 아래쪽에 나무 덧창을 닫아서 방 전체를 어스름한 어둠 속에 묻히게 했다. 이 그림에서도 창문 위쪽으로 옅은 푸른빛 하늘이 보인다. 그리고 이 푸른 하늘이 동경을 일깨운다.

마르셀 프루스트는 카스파 다비트 프리드리히가 숨겨놓은 메시지를 정확하게 이해했다. 『잃어버린 시간을 찾아서』에서 프루스트는 이렇게 충고한다. "언제나 당신 인생 위에 한 조각 하늘을 간직하시오."

1820년 4월 18일에 그라이프스발트에 있는 프리드리히의 생가에서 프리드리히의 커다란 자화상이 벽에서 떨어진다. 바로 프리드리히의 몰락이 시작된 시간이다.

프리드리히는 1820년대 중반부터, 특히 생애 마지막 10년 동안 자신에 대한 평가가 점점 나빠지는 것 때문에 몹시 괴로워했다. 신문 『차이퉁 퓨어 엘레간테 벨트』는 안타깝게도 프리드리히의 작품에서 자연의 아름다움이 늘 "어둡고, 음침하고, 흐릿한 모습으로 나타난다"고 비판한다. 빈의 잡지 『비너 차이트슈리프트』는 프리드리히가 "예전에는" 크게 주목받았지만, "침울한 우울에 너무 치우쳐 아주 유감"이라고 불평한다. 프리드리히는 이 비평들을 읽고서 두꺼운 일기장에 슬프고, 화나고, 우스꽝스럽지만, 진실이라고 적는다. 프리드리히가 안개와 겨울만 그린다고 미술 비평가들이 점점 더 자주 비판하자, 프리드리히는 안개와 겨울이 지금 "안타깝게도 배척"당하고 있지만 담담하게 지켜봐야 한다고 일기에 쓴다. 분명 미술 비평가들은 곧 가을도 혹평할 것이고, 다음에는 여름 차례가 될 것이고, 마지막으로 틀림없이 봄도 혹평을 당할 거라고. 모든 것은 언젠가 의심받기 마련이라고. 그저 조금 기다리면 겨울이 다시 "명예"를 회복할 거라고, 유행이란 그런 거라고. 프리드리히가 그렇게 쓰면서 미소 지었을 것 같다. 프리드리히의 친구 고트힐프 폰 슈베르트는 "프리드리히의 입가에는 늘 약간의 장난기가 맴돌았다"고 썼다. 상상해보라, 얼마나 멋진가.

1835년 9월, 카스파 다비트 프리드리히가 뇌졸중의 후유증으로 스케치는커녕 제대로 걷지도 못해서 온천 치료하러 가족과 함께 보헤미아 테플리체를 찾았을 때, 마침 그곳에서 대규모 군주 회합도 열린다. 러시아 차르 니콜라이 1세, 프로이센 왕 프리드리히 빌헬름 3세, 작센 왕과 바이마르 대공이 그 자리에 있었다. 명목상으로는 유럽의 주요 정치 현안을 논의하는 자리였지만 사실은 누가 카스파 다비트 프리드리히 작품을 가장 많이 소장하고 있느냐를 두고 서로 다투었다. 그러나 진실을 말하자면 이 네 군주 가운데 예술에 관심이 있는 사람은 아무도 없었다. 그들이 지난 몇십 년 동안 프리드리히의 그림을 사들인 것은, 오로지 아내나 아들을 기쁘게 해주기 위해서였을 뿐이다. 그렇기에 안타깝게도, 공원 자갈길에서 딸의 부축을 받으며 무거운 발걸음으로 느릿느릿 지나쳐가는 노쇠한 화가가 그들에게는 그저 공기 같은 존재일 뿐이었다.

―

프리드리히의 작품 중에 특히 감동적인 그림이 있다. 한 남자와 한 여자가 어스름한 저녁 거대한 묘지 문 앞에 서서 안에 있는 무덤들을 바라보고 있다. 묘지 위로 안개가 떠다닌다. 그림 한가운데에는 옅은 안개 속에 하얀 천사의 실루엣이 보이는데 위로하듯 무덤들을 굽어보고 있다. 남자와 여자는 1821년에 사산한 아이의 무덤을 바라보는 프리드리히와 그의 젊은 아내일까? 그들의 방문은 다른 무덤들과 어떤 관련이 있을까? 무덤 위로 스며 있는 신성한 분위기는 어떤 의미일까? 프리드리히의 러시아 친구 주콥스키는 프리드리히의 아틀리에에서 이 그림을 보고 난 직후에 아주 인상적인 그림 묘사를 남겼다. "여기 방금 아이를 묻고 와서 밤에 묘지에 찾아가 무덤을 바라보는 부부가 있다. 화가는 우리가 다른 세계를 떠올리기를 원했다. 부부의 눈에는 아이가 무덤에서 일어설 것처럼, 조상들의 그림자가 아이를 향해 가고 있는 것처럼, 그들 위로 평화의 천사가 맴돌면서 그들을 하나로 묶어주는 것처럼 보인다." 그로부터 100년 후, 위대한 추상화가 바실리 칸딘스키는 오직 러시아인만이 독일인의 낭만적인 영혼을 이해한다고 말한다.

한편 카스파 다비트 프리드리히는 이 커다란 묘지 그림에서 묘지의 문을 드레스덴에 있는 트리니타티스 묘지의 문과 꽤 정확히 일치하게 그렸다. 오늘날 드레스덴에 있는 트리니타티스 묘지를 거닐다보면 카스파 다비트 프리드리히의 묘를 만나게 된다. 1930년대에 설치된 듯한 볼품없는 석판이 놓여 있고, 석판 위에는 'Caspar' 대신에 'Kaspar'라고 써 있으며, 그 옆에 있는 더 오래된 석판들에는 프리드리히의 포메른 친척이 아니라 드레스덴의 보머 집안 사람, 다시 말해 프리드리히 아내의 가족들이 누워 있다. 프리드리히의 그림처럼, 가을날 저녁 어스름 속에 풀밭 위로 안개가 피어오른다. 혹시 프리드리히의 무덤 위로 가끔 천사가 날아다닐지 누가 알겠는가. 그렇다 해도 나는 놀라지 않을 것이다.

―

카스파 다비트 프리드리히가 세상을 떠나고 자기가 그린 것과 똑같이 생긴 트리니타티스 묘지에 묻히고 난 뒤, 1843년 12월에 열린 프리드리히의 그림 경매에서 이 묘지 그림을 산 이는 바로 프리드리히의 친구이자 이웃이었던 요한 크리스티안 클라우젠 달이었다. 프리드리히의 미망인과 자식들이 먹고살 돈을 마련하기 위해서 달이 그 경매를 연 것이었다. 그러나 프리드리히의 그림을 사려는 이가 아무도 없어서 달이 그 그림들을 몽땅 샀다. 물론 카롤리네에게는 비밀로 하고 말이다. 달은 그 경매에서 프리드리히가 그린 드로잉과 세피아 그림과 수채화들을 거의 전부 사들였는데, 바로 이 〈묘지 입구〉 그림 말고도 웅장한 〈리젠산맥 풍경〉과 그 유명한 〈빙해〉도 있었다. 이로써 달은 프리드리히의 주요 유화 11점을 소장하게 된다.

달이 죽고 나서 1859년에 드레스덴에서 그의 유품 경매가 열렸지만 이번에도 프리드리히의 그림을 사려는 이가 없어서 프리드리히의 그림들은 달의 가족에게 돌아간다. 프리드리히의 수채화와 스케치북은 경매에 아예 내놓지도 않았다.

이미 뒤셀도르프 화파의 전성기가 한창일 때였다. 화려한 풍경, 많은 기사의 성, 강렬한 감정, 열정이 특징인 화파였다. 뒤셀도르프 화파를 이끄는 별 가운데 하나가 카를 프리드리히 레싱이었는데, 1848년에 나온 『콘베르자치온 미술 인명사전』에서 이런 글을 읽을 수 있다. "카스파 다비트 프리드리히는 레싱의 풍경화 화풍의 선구자라고 말할 수 있을 것이다." 세상은 이렇게 빨리 변하기도 한다. 1890년경에 프리드리히의 작품을 가장 많이 소장하고 있는 곳은 바로 드레스덴 안 데어 엘베 33번지, 한때 프리드리히의 집이었던 곳 바로 윗집이었는데, 요한 크리스티안 클라우젠 달의 아들이자 화가였던 요한 지크발트가 사는 집이었다. 카스파 다비트 프리드리히는 자기가 시대를 앞서갔다는 것을 예감한 듯하다. 그는 자기 자신을 애벌레에 비유했다. "나는 고치를 짓고, 그 번데기에서 화려한 나비가 나올지 아니면 구더기가 나올지는 시대에 맡기겠다." 다음 시대, 그러니까 20세기 여명이 밝아서야 비로소 그는 화려한 나비가 되어 날기 시작한다.

1822년 6월 5일 드레스덴, 날이 따뜻해서 여름 같은 날이었다.

이른 아침부터 늦은 저녁까지 안 데어 엘베 33번지에 있는 카스파 다비트 프리드리히의 아틀리에에서는 거의 아무 일도 일어나지 않는다. 프리드리히는 몇 시간 동안이나 가장 섬세한 붓질로 복잡한 하늘을 칠하고 있다. 딸과 함께 시골에 가 있는 아내가 조금 그립다. 프리드리히는 양조장에 갈까 말까 고민하다가 다시 그림을 계속 그리면서 생각에 잠긴다. 그 밖에는 고요함뿐이다. 이른 저녁, 날이 선선해졌을 때, 갑자기 엘베강에서 제비 한 마리가 이쪽으로 날아오더니 열린 창문을 통해 집안으로 날아든다. 제비는 좁은 집안에서 흥분하여 계속 푸드덕거린다. 처음에는 아틀리에 안을 날아다니다가, 복도를 지나, 부엌으로 가더니 밖으로 다시 나가려고 애쓴다. 그러나 유리창에 부딪쳐 실패하자 프리드리히가 그 큰 손으로 조심스럽게 제비를 안아든다. 제비는 너무 놀라 저항조차 하지 못한다. 카스파 다비트 프리드리히는 제비를 손에 들고 열린 창문으로 가서 다시 날려보낸다. 제비가 저녁 하늘 속으로 날갯짓하던 모습을 그는 영원히 잊지 못할 것이다. 마음속에 고마움과 그리움이 가득 차올랐다.

감사의 말

이 책은 여러 미술사학자의 조언과 자료 덕분에 쓸 수 있었다. 다음에 열거하는 이들의 열정적인 지원에 진심으로 감사한다. 그들과 오래도록 나눈 대화는 큰 도움이 되었다.

알렉산더 바슈텍 박사, 마르쿠스 베르취 박사, 홀거 비르크홀츠 박사, 헬무트 뵈르쉬주판 교수, 크리스티안 폰 브링켄, 슈테파니 부크 박사, 얀 뷔르거 박사, 베르너 부쉬 교수, 제바스티안 도에 박사, 베른하르트 에히테 박사, 라슬로 푈데니, 비르테 프렌센 박사, 랄프 글라이스 박사, 요하네스 그레이브 교수, 마티아스 한스, 킬리안 헤크 교수, 마틸데 하이트만타일레퍼, 토르스텐 호프만 교수, 알리손 호칸손 박사, 볼프강 홀러 교수, 하리 조엘손슈트로바흐, 요제피네 카르크 박사, 토마스 켐퍼 박사, 펠릭스 크래머 박사, 카타리나 크뤼겔 박사, 페트라 쿨만호디크 박사, 로타 레더로제 교수, 카트야 리베나우, 고㈜ 게르 루이텐, 베른하르트 마츠 교수, 미하엘 모어, 크리스티나 뫼슬 박사, 클라우디아 뮐러 박사, 요하네스 나탄 박사, 한스 요아힘 나이트하르트 교수, 나탈리 노이만 박사, 엘리자베트 노바크 탈러 박사, 카를요한 올손, 슈테판 푹스, 자비네 레발트 교수, 프랑크 리히터, 잔드라 리히터 교수, 다비트 슈미트하우저 박사, 베르너 슈넬 교수, 게르트 슈피처 박사, 클라우스디터 슈테판 박사, 베티나 베르헤 박사, 토마스 베를레, 헤르만 초헤.

이 책의 편집을 담당한 옐레나 프람과, 이 책을 출판해준 올리버 포겔, 나의 에이전트 마티아스 란트베어, 근본적인 도움을 준 유디트 샬란스키, 지적인 자극을 준 마르크 지난에게 특별히 깊은 감사를 전한다.

이 책은 일부러 프리드리히가 살아생전에 많은 시간을 보낸 여러 장소에서 집필했다. 다시 말해서 드레스덴, 그라이프스발트(그라이프스발트대학교의 카스파 다비트 프리드리히 연구소에 감사를 전한다), 리젠산맥, 코펜하겐, 뤼겐에 있는 자스니츠에서 집필했는데, 자스니츠에서 크리스토프 뮐러 덕분에 프리드리히의 바다를 볼 수 있었다. 베를린에서도 이 책을 집필했는데, 프리드리히는 1798년에 아주 잠깐 베를린에 머문 적이 있다. 그러나 그 어떤 흔적도 남기지 않고 곧바로 드레스덴으로 이주했다. 베를린에서 이 책을 집필했던 책상은, 〈뤼겐의 백악절벽〉이 20년 동안 아무도 모르게 걸려 있었던 율리우스 프로인트의 집과, 1939년에 〈안개 바다 위의 방랑자〉가 갑자기 세상에 모습을 드러냈던 루츠 화랑이었던 자리 사이에 있었다. 물론, 〈바닷가의 수도사〉가 베를린 구 국립 미술관에 걸려 있으니 베를린은 사람들이 앞으로도 영원히 프리드리히를 발견할 수 있는 장소이기도 하다.

카스파 다비트 프리드리히 연보

1774   9월 5일, 당시 스웨덴령이었던 포메른 지방의 그라이프스발트에서 비누 제조업자 아돌프 프리드리히의 열 자녀 중 여섯째로 태어남.

1781   프리드리히의 어머니가 죽음.

1787   12월 8일, 프리드리히의 열두 살짜리 동생 크리스토퍼가 물에 빠진 프리드리히를 구하다가 익사함.

1794   그라이프스발트대학교에서 요한 고트프리트 크비스토르프에게 드로잉을 배운 뒤 코펜하겐 미술 아카데미에서 4년 동안 미술을 공부함.

1798   10월부터 드레스덴에 정착함.

1801   예술과 영혼의 위기를 겪고 나서 뤼겐으로 긴 여행을 떠남. 연필과 세피아로 드로잉을 함.

1805   괴테가 주최한 바이마르 미술 대회에서 공동 1등상을 수

상함.

1808	프리드리히의 첫 유화로 꼽히는 〈테첸 재단화〉를 그렸으며 이 그림으로 풍경화의 임무에 관해 큰 논란이 일어남.
1810	9월 18일에 괴테가 드레스덴에 있는 프리드리히의 아틀리에를 방문해서 〈바닷가의 수도사〉를 봄. 그리고 10월에 베를린 전시회에서 왕세자 프리드리히 빌헬름(4세)이 이 그림을 삼.
1813	프랑스군이 드레스덴을 점령함. 프리드리히와 나폴레옹이 같은 날 크리펜에 있었음. 프리드리히가 애국주의적인 그림들을 그림.
1816	드레스덴 미술 아카데미 회원이 되고 카를 구스타프 카루스와의 우정이 시작됨.
1818	1월 21일 카롤리네 보머와 갑작스럽게 결혼함. 7월과 8월에 그라이프스발트, 뤼겐, 슈트랄준트로 신혼여행을 떠남. 그때의 기억을 바탕으로 〈뤼겐의 백악절벽〉 그림이 탄생함.
1819	딸 엠마가 태어나고, 뒤이어 딸 아그네스 아델하이트와 아들 구스타프 아돌프가 태어남.
1820	드레스덴의 안 데어 엘베 33번지로 이사함.
1821	러시아의 시인 바실리 주콥스키가 방문함. 주콥스키는 프리드리히의 절친이 되며 프리드리히의 많은 그림을 러시아 황실에 소개함.
1823	노르웨이 화가 요한 크리스티안 클라우젠 달이 안 데어

	엘베 33번지로, 프리드리히의 윗집으로 이사옴. 두 사람은 가까운 친구가 됨.
1824	드레스덴 미술 아카데미 풍경화 교수가 되지 못해 몹시 상처받음. 〈빙해〉가 탄생함.
1826	마지막으로 뤼겐을 여행함.
1832	작센 미술 협회에서 〈드레스덴의 오스트라게헤게〉를 매입함.
1835	뇌졸중으로 오른쪽이 마비됨.
1840	5월 7일에 프리드리히가 사망함. 그리고 완전히 잊힘.
1906	베를린 "100년 전시회"를 통해 프리드리히가 재발견됨.
1920	〈뤼겐의 백악절벽〉이 프리드리히의 작품임이 밝혀짐.
1939	〈안개 바다 위의 방랑자〉가 베를린에 나타남.
1974	카스파 다비트 프리드리히 탄생 200주년을 기념하여 함부르크와 드레스덴에서 대규모 전시회들이 열리고 프리드리히는 19세기 독일의 핵심적인 화가로 선포됨.
2024	함부르크, 베를린, 드레스덴, 뉴욕에서 더 큰 규모의 전시회들이 열리고, 카스파 다비트 프리드리히는 19세기 독일의 핵심적인 화가로 확실히 자리매김함.

더 읽을거리

카스파 다비트 프리드리히에 관한 책은 그가 남긴 그림보다 더 많다. 몇 년에 걸쳐 이 책을 집필하는 동안 지난 120년 동안에 나온 수많은 저작과 논문의 도움을 받았다.

지상의 공간과 천상의 공간을 모두 포함하여 프리드리히가 측량하고 정착한 정신적 대륙을 더 탐험하고자 길을 떠나려는 사람들을 위해서 몇 가지 기본서들을 추천한다.

현재로서 카스파 다비트 프리드리히의 삶과 작품을 가장 포괄적이고 심층적으로 다룬 책으로는, 요하네스 그라베Johannes Grave의 『카스파 다비트 프리드리히Caspar David Friedrich』(München, 2012/2021 개정판)가 있다. 프리드리히의 그림들도 수록되어 있다.

좀더 압축적인 책을 원하는 사람에게는 크리스티안 숄Christian Scholl의 『카스파 다비트 프리드리히와 그의 시대Caspar David Friedrich und *seine Zeit*』(Leipzig, 2015)를 추천한다.

모든 역사적 출처를 밝힌 주요 작품 목록집으로는 출간된 지 50년 된 헬무트 뵈르쉬주판Helmut Börsch-Supan, 카를 빌헬름 예니히Karl Wilhelm Jähnig의 『카스파 다비트 프리드리히. 유화, 판화, 드로잉*Caspar David Friedrich. Gemälde, Druckgraphik und bildmäßige Zeichnungen*』(München, 1973)이 있다. 헬무트 뵈르쉬주판은 이 책을 출간한 후에 프리드리히에 관한 수많은 논문과 책을 냈는데, 주로 기독교적 상징을 바탕으로 그림에 나타난 알레고리 해석에 초점을 맞추고 있다. 그의 연구 성과물이 2023년 베를린에서 출간된 『카스파 다비트 프리드리히: 그의 사유의 흐름*Caspar David Friedrich. Seine Gedankengänge*』에 집대성되어 있다.

베르너 부쉬Werner Busch는 수십 년에 걸쳐 카스파 다비트 프리드리히의 작품에 나타나는 수학적 토대를 연구했는데, 특히 작품 구성에 나타나는 황금비율과 쌍곡선을 분석했다(예를 들어 『카스파 다비트 프리드리히: 미학과 종교*Caspar David Friedrich. Ästhetik und Religion*』(München, 2002). 그 역시 이와 같은 수학적 관점을 바탕으로 한 자신의 연구를 집대성한 책을 출간했다(『낭만적 계산*Romantisches Kalkül*』(Leipzig, 2023).

베르너 주모프스키Werner Sumowsky는 프리드리히의 소실된 그림들뿐만 아니라 진위 판정 과정에 대한 전문적인 지식이 담긴 책 『카스파 다비트 프리드리히 연구*Caspar-David-Friedrich-Studien*』(Wiesbaden, 1970)를 펴냈다.

카스파 다비트 프리드리히가 남긴 드로잉 전작은 크리스티나 그룸트Christina Grummt의 『카스파 다비트 프리드리히: 드로잉 작품집

Caspar David Friedrich. Die Zeichnungen. Das gesammte Werk』(München, 2011)에 모두 수록되어 있는데, 화려한 삽화가 수록된 두 권짜리 책이다.

프랑크 리히터가 2021년과 2022년에 펴낸 두 권의 책은 안타깝게도 자비 출판본인 비매품으로만 존재하는데, 프리드리히의 모든 유화에 대해 그 밑바탕이 된 스케치들이 광범위하게 분류되어 있고 프리드리히의 생애가 연대기 형식으로 정리되어 있다.

프리드리히의 풍경화가 지닌 정신적 깊이를 알아보고 싶은 사람에게는 요제프 레오 쾨르너Joseph Leo Körner의 『카스파 다비트 프리드리히: 풍경과 주체Caspar David Friedrich. Landschaft und Subjekt』(München, 1998)를 강력히 추천한다.

프리드리히를 철학적으로 가장 광범위하고 깊이 있게 연구한 책은 라슬로 푈데니László Földényi의 『카스파 다비트 프리드리히: 회화의 어두운 면Caspar David Friedrich. Die Nachtseite der Malerei』(München, 1993)이다.

이 책의 핵심적인 토대는 카스파 다비트 프리드리히가 남긴 글들이다. 헤르만 초헤Herrmann Zschoche가 펴낸 『카스파 다비트 프리드리히의 편지들Caspar David Friedrich. Die Briefe』(Hamburg, 2006)에 훌륭한 주석과 함께 수록되어 있다. 같은 저자가 쓴 책으로 프리드리히가 남긴 여성 그림들과 뤼겐 여행에 관한 흥미로운 연구서도 있다(『여성상Frauenbilder』, Frankfurt, 2015; 『카스파 다비트 프리드리히의 뤼겐. 그 발자취를 찾아서Caspar David Friedrichs Rügen. Eine Spurensuche』, Dresden, 2021).

마지막으로, 카스파 다비트 프리드리히 탄생 250주년을 기념하여 2024년에 빈터투어, 함부르크, 베를린, 드레스덴, 바이마르, 그라이프스발트, 뉴욕의 미술관에서 대규모 전시회와 함께 제공될 새로운 카탈로그도 기대해보면 좋을 것이다.

그림 목록

1. 불: 〈불타는 노이브란덴부르크〉, 1835년~1840년경, 함부르크 미술관 소장.
2. 물: 〈빙해〉, 1823~1824년, 함부르크 미술관 소장.
3. 흙: 〈뤼겐의 백악절벽〉, 1818~1819년, 빈터투어 미술관 소장, 오스카 라인하르트 재단.
4. 공기: 〈안개 바다 위의 방랑자〉, 1817년경, 함부르크 미술관 소장.

지은이 플로리안 일리스
1971년 독일 헤센주 슐리츠에서 태어나고 자랐다. 본대학교와 옥스퍼드대학교에서 미술사와 근대사를 공부했다. 독일의 대표 신문 『프랑크푸르터 알게마이네 차이퉁』의 문예부 편집자로 일했으며, 예술잡지 『모노폴』을 창간했다. 베를린의 경매회사 빌라 그리제바흐의 공동 대표이사로서 19세기 예술을 담당했으며, 2017년부터 명성 높은 주간지 『디 차이트』의 편집위원으로 일하고 있다. 저서로 『1913년 세기의 여름』 『증오의 시대, 광기의 사랑』 『침묵의 마법』 등이 있다.

옮긴이 한경희
서울대학교 독어교육과를 졸업하고 동 대학원에서 박사과정을 수료했다. 옮긴 책으로 『그들이 한자리에 모이면 어떤 말을 할까』 『처음부터』 『파란 문 뒤의 야콥』 『헤르만』 『불안, 그 두 얼굴의 심리학』 『벌거벗은 원숭이에서 슈퍼맨으로』 『유럽 문화사』 『1913년 세기의 여름』 『위기에 빠진 지구』 『증오의 시대, 광기의 사랑』 등이 있다.

침묵의 마법
카스파 다비트 프리드리히가 그려낸 고요

초판 인쇄 2025년 11월 4일
초판 발행 2025년 11월 24일

지은이 플로리안 일리스 | 옮긴이 한경희
책임편집 이경록 | 편집 이희연
디자인 이정민 이원경 | 저작권 박지영 형소진 주은수 오서영 조경은
마케팅 정민호 서지화 한민아 이민경 왕지경 정유진 정경주 김혜원 김예진 이서진
브랜딩 함유지 박민재 이송이 박다솔 조다현 김하연 이준희
제작 강신은 김동욱 이순호 | 제작처 더블비(인쇄) 신안문화사(제본)

펴낸곳 (주)문학동네 | 펴낸이 김소영
출판등록 1993년 10월 22일 제2003-000045호
주소 10881 경기도 파주시 회동길 210
전자우편 editor@munhak.com | 대표전화 031) 955-8888 | 팩스 031) 955-8855
문학동네카페 http://cafe.naver.com/mhdn
인스타그램 @munhakdongne | 트위터 @munhakdongne
북클럽문학동네 http://bookclubmunhak.com

ISBN 979-11-416-0280-2 03920

잘못된 책은 구입하신 서점에서 교환해드립니다.
기타 교환 문의 031) 955-2661, 3580

www.munhak.com